让你的发言站住脚

牛广海　编著

吉林文史出版社
JILIN WENSHI CHUBANSHE

图书在版编目（CIP）数据

让你的发言站住脚 / 牛广海编著. -- 长春 ：吉林
文史出版社，2019.9（2021.9重印）

ISBN 978-7-5472-6467-6

Ⅰ．①让… Ⅱ．①牛… Ⅲ．①语言艺术－通俗读物
Ⅳ．①H019-49

中国版本图书馆CIP数据核字(2019)第153402号

让你的发言站住脚

RANG NIDE FAYAN ZHANZHU JIAO

编　　著　牛广海
责任编辑　魏姚童
封面设计　韩立强
出版发行　吉林文史出版社有限责任公司
地　　址　长春市净月区福祉大路5788号
网　　址　www.jlws.com.cn
印　　刷　天津海德伟业印务有限公司
版　　次　2019年9月第1版　2021年9月第2次印刷
开　　本　880mm×1230mm　　1/32
字　　数　145千
印　　张　6
书　　号　ISBN 978-7-5472-6467-6
定　　价　32.00元

前　言

　　说话是每个人日常生活中每天都要做的事，它既简单也复杂，既容易也困难。有位国外名人曾说："眼睛可以容纳一个美丽的世界，而嘴巴则能描绘一个精彩的世界。"富兰克林也说："一个人的说话能力，是获得社会认同、上司赏识、下属拥戴、同事喜欢、朋友帮助的必要条件。"法国大作家雨果就认为："语言就是力量。"的确，精妙的、高超的语言艺术魅力十足，此外，口才还被公认为现代领导人必备的素质之一。

　　回忆一下，生活中或职场上，你是不是经常遇到这样的人：他们看起来并不怎么出众，可就是"混"得很好，走到哪儿都受欢迎。他们的能力虽然和普通人并无差异，但是他们的话语却或风趣幽默或据理力争或动人心魄或让人措手不及。他们为什么可以说出那么精彩的话？他们的发言为什么能站得住脚？其实归根结底就是他们掌握了说话的技巧。

　　要知道，世界上 90% 的生意都是谈出来的，没有好口才，又有多少好机会会主动找上门来？当你认识到说话的重要性之后，还敢去忽视它吗？

　　美国前总统林肯为了练口才，徒步 30 英里到法院听律师们辩护，看他们怎么辩论、怎么做手势，他边听边模仿；英国喜剧大师、批评家和社会活动家萧伯纳的口才有口皆碑，但事实上，萧伯纳儿时却胆小木讷，拜访朋友都不敢敲门，经常在门口徘徊20分钟都不敢进门，后来他鼓起勇气参加辩论学会，坚持练胆量、练机智、练语言，最终成为大家。可见，即使你不善言谈，也可以成为能言善辩之人，因为好口才是可以练出来的。这本《让你的发言站住脚》分别介绍了职场、销售、生活、管理等各个层面的实战技巧，读者朋友们能看到很多具有借鉴意义的案例，通过学习和实践，大大提升说话能力！

目 录

第一章 好口才是一种资本

第二章 打造口才高手的技巧

第三章　幽默的力量：帮你建立和谐的人际关系

第四章　分寸的必要性：话说得恰到好处更受欢迎

第五章　求职时如何让自己的发言站得住脚

第六章　应急时怎么说才站得住脚

第七章 说服他人怎么开口才站得住脚

第八章 推销场上怎么说才站得住脚

第一章
好口才是一种资本

好口才是一个人智慧的反映，是影响一个人事业成功、人际和睦、生活幸福的重要因素，是一种可随身携带、永不过时的基本能力。

好口才究竟有多重要

语言是随着人类的出现为满足表达和交际的需要而产生的，具有社会性、工具性和符号性，其初始形式就是说话。

对于说话，古今中外的远见卓识者历来都给予了高度的重视。"一言可以兴邦，一言可以丧邦""一言之辩，重于九鼎之宝""三寸之舌，强于百万之师"等古语，将国之兴亡与舌辩的力量紧密联系起来，借"九鼎之宝""百万之师"等强喻说话的力量，充分揭示了说话的巨大的社会作用。

第二次世界大战时期，美国人把"舌头"、原子弹和金钱称为获胜的三大战略武器，进入21世纪又把"舌头"、金钱和电脑视为经济发展和社会进步的三大战略武器。这个比喻虽有牵强之嫌，但也不无道理，起码代表了两个时代的主要特点，而在这两个比喻中，"舌头"即口才，能独冠于三大战略武器之首，可见口才的价值非同小可。因此，我们每一个现代人都应清醒地认识到口才的重要性，进而更好地掌握口才这个行之有效、战无不胜、攻无不克的神奇武器。

口才，简言之就是说话的才能，是一个人素养、能力和智慧全面而综合的反映，而人之所以被称为万物之灵，是因为人与其他动物有一个最特殊和明显的区别，那就是人能说话，并能以语言符号作为交流思想、感情的工具。高尔基在散文《人》中歌颂作为万物之灵的人"眼睛里闪耀着大无畏的思想的光辉，雄伟的力的光辉，这力量能在人们疲惫颓唐的时刻创造神灵，又能在人们精神振奋的时刻把神灵推翻"。人"根据自身的经验创造科学，每走一步都要把人生装点得更加美好，就像太阳那样慷慨地用它的光芒把大地普照——不停地运动，不断向上，迈步向前"。这里歌颂的"人"，具有震撼人心的人格力量，是经过抽象的有思想、有创造力的人，是人类智能和勇气的化身。而使其化身于有形，并形成真正力量的因素之一，就是语言。

《论语·里仁》中讲：君子"讷于言而敏于行"。到了今天，这种旧的道德规范就不能不受到质疑和重新审视。"敏于行"当然无可厚非，只要这种"行"有利于国家和大众，有利于别人和自身的进步，可是"讷于言"却与现代社会人与人交往的需要明显地不相适应。良好的口才，不仅是宣传鼓动的需要，还是传授知识、增进人际关系的需要。能言善语，让世界多一些优秀的口才和妙语带来的笑声、赞叹声有什么不好呢？曾参加中央电视台《实话实说》节目创建的著名社会学家郑也夫谈到，《实话实说》要找到合适的"侃爷"真的不容易。多数人讲话刻板、干巴、模式化、冗长、没有风趣，甚至在学历高的人群中这种现象更突出。"我几乎可以断定，口语表达能力不足是个普遍性的社会问题。我们的中小学教育集中在书面表达能力的培养上，普遍轻视口语表达能力的锻炼。而在现实生活中，谋职、合作、讨论、请示汇报、讲课、谈判、争论、吵架，以至打官司，都毫不例外地依赖于口语表达。"

美国著名教育专家卡耐基非常强调口才的重要性，他说："假如你的口才好……可以使人家喜欢你，可以结交好的朋友，可以开辟前程，使你获得满意的结果。譬如你是一个律师，你的口才便吸引了一切诉讼的当事人；你是一个店主，你的口才帮助你吸引顾客。""有许多人，因为他们善于辞令，因此而擢升了职位……有许多人因此而获得荣誉，获得了厚利。请不要以为这是小节,人的一生,有一大半的影响,是缘于说话艺术。"

所以,人不能仅仅满足于用口说话,而要善于说话,说出站得住脚的话,生活会变得更加绚丽多彩。

口才的来源何在

口才活动离不开知觉、观察、记忆、思维、想象等心理活动的基本形式。一个人的气质、性格、能力等个性心理特征直接决定了其口才的好坏、风格,甚至是社会价值。

"口才"一词,远在两千多年前的周朝已有所见。据孔丘门人所撰《孔子家语·七十二弟子解》称:"宰予,字子我,鲁人,有口才著称。"正如古时也有将"人才"写为"口才","口才"抑或写为"人材"。如宋王明清《挥尘后录(十)》有载:"周望,字仲弼,蔡州人,有口才,好谈兵。"我国自古以来,就有重视语言表达能力的传统,并已充分认识到口头表达在安邦定国、社会交际中的作用。如我们常说的"一人之辩,重于九鼎之宝;三寸不烂之舌,强于百万之师"便典出刘勰的《文心雕龙·论说》。

清朝著名的文艺批评家叶燮曾提出,"才、胆、识、力"是人才成长的重要因素。这里的"才",其一就是"口才";这里的"胆",更是在强调人在社会交往中敢于说话、在大庭广众前敢于演讲的"胆"。

时代进入 21 世纪,人们对口才的重视达到了前所未有的高度。有没有良好的口才,已作为衡量一个人素质的基本标准之一。从一个人的口才上往往能看出一个人的综合实力,口才几乎在每一个人的命运里都扮演着十分重要的角色。口才好，有可能改变命运。拿面试来说，现在国内外大小公司，已把面试作为人才招聘的必要环节，很多行业尤其看重口试。在这种情况下，"口才"这门课程在许多高校已经属于必修课，即使设为选修课，选修的人也很多。因为，现在高校一般不包毕业分配，绝大多数学生根据人才市场需要来寻找职业，也就是说在学习尚未完成、毕业论文尚未启动或刚启动的时候，他们已首先通过口才叩击着求职的大门，学生们越来越感到口才的重要性。

随着人们越来越认识并热衷于口才修炼和培养，口才学作为一门新兴学科一跃成为当今世界十分走俏的一门学问，而它的前身，或者另外一种形式或分支——演讲学，则是一门更古老的学问。中世纪前的中国、古埃及、古希腊、古罗马、古巴比伦、古印度等具有悠久历史的文明古国，演讲已成为普遍的社会现象。在中国，演讲这一形式在先秦的古代社会已广泛盛行。中国传世最早的一部政治文献汇编《尚书》里面就记载了盘庚"动员民众迁都"的演说。这是中国至今发现的最早的一篇有文字记载的演说，也是世界演讲史上有文字可考的最早的演说稿。此演说稿分上、中、下三篇。中篇为迁都前的演说，上篇、下篇为迁都后的演说。其中以中篇最为精彩，它无论在构思立意，遣词造句上，还是逻辑思维的演绎、归纳和情感的发挥上，都相当成熟，真切感人。《尚书》中还有《甘誓》《汤誓》《牧誓》等好几篇演讲词。其中，《甘誓》是公元前21世纪夏启与有扈氏战于"甘"这个地方的战前动员，文字虽简短，却义正词严、气势恢宏。

春秋战国时期是我国历史上经济制度和政治制度的大变动时期，各诸侯国之间及其内部的阶级斗争和政治斗争错综复杂，加上生产力的发展和经济的繁荣，促进了"士"这种阶层的出现。

加之王权发生动摇，人们对"天"产生了怀疑，私学悄然兴起，促进了各种学术思想的发展。而其传播的主要途径无一不是通过学者的辩论和对学生的口授。儒家的孔子、孟子和荀子，墨家的墨子，道家的庄子，法家的韩非子，名家的惠施、公孙龙等，都纷纷表述自己对治理天下的政治见解和思想，对社会大众进行游说，形成了"百家争鸣"、游说风气极盛的时代。这也是我国古代演讲学、口才学的第一个鼎盛时期。

怎么说才算会说话

口语表达是人们运用声音和势态语言对一个人思维活动的扫描和表达。也就是说，说话是人思维的物质外化，人们常说想得清才能说得好。说得好才算会说。因此，我们可以简明扼要地说，说话是一个人素养、能力和智慧的一种综合体现。具体地说，说话是在交谈、演讲和论辩等口语交际活动中，表达者根据特定的交际目的和任务，切合特定的言语交际环境，准确、得体、生动地运用连贯、标准的有声语言，并辅之以适当的体态语表情达意以取得圆满交际效果的口头表达能力。

根据口语交际的构成要素和口才的含义，一个会说话的人应当具备以下几个条件：

（1）在交际中必须具有较强的口头表达能力。即能根据交际意图和目的熟练地运用语言技巧来展开话语，同时应具有灵活机智的应变能力，即根据情况而说话。《论语·选进篇》中讲了这样一个故事：子路和冉有都问"闻斯行诸"，是听到的事就要马上做吗？孔子在回答子路时说："有父亲、哥哥在，应听听他们的，怎能听到了就做呢？"在回答冉有时又说："听到了就做起来。"这两个截然不同的回答，使在座的公西华大惑不解。孔子解释说："冉有胆量小，平时做事退缩，所以我说一听到了就做起来，是鼓励他，给他壮胆；子路胆量大得超过一般人，勇于作为，所以我说，有父亲、哥哥在，要压一压，使他有所退让。"这件事一向被看作孔子"因材施教"的例证，其实也是说话看对象、针对不同实际情况而选择不同说话内容的范例。

（2）在交际中始终具有明确的对象意识和语境意识。如果不顾场合，不看对象，夸夸其谈，滔滔不绝，这种"能说会道"的行为只会引起反感甚至厌恶，不能称之为有口才。荀子在《劝学》中曾明确指出："未可与言而言谓之傲急躁，可与言而不言谓之隐，不观气色而言谓之瞽。""瞽"，就是盲人。这说明讲话应随境而发，见机行事。

（3）在交际中还必须具有较高的领悟能力和反馈能力，即既能准确地接受和理解，又能做出恰当、必要的应付。这是与人交谈很关键的一条。在口语交际时，说话者不仅要表达，而且还要接受，即领悟对方话语或表情动作等体态语所蕴含的意思，同时还要做出有针对性的反馈。1969 年 9 月，基辛格就越战问题与苏联驻美国大使多勃雷宁举行会谈。正当发言时，尼克松总统打来电话，谈了几分钟之后，基辛格对多勃雷宁说："总统刚才在电话里对我说，关于越南问题，'列车刚刚开出车站'，现在正在轨道上行驶。"老练的多勃雷宁试图缓和一下气氛，接过话头说："我希望是架飞机而不是火车，因为飞机中途还能改变航向。"基辛格立即回答说："总统是非常注意措辞的，我相信他说一不二，他说的是火车。"在这段对话中基辛格从坚持自己的立场的原则出发，不仅明确地理解多勃雷宁变"火车"为"飞机"的用意，而且采取"借言"的方式维护了自己的观点，显示出机智的外交家风采。

（4）说话内容的深浅要与对方的接受能力相宜。《论语·雍也篇》说："中人以上，可以语上也；中人以下，不可以语上也。"对中等水平的人可以讲说高深的道理，对中等以下水平的人就不可以讲说高深的道理，说话的内容超过或低于对方的接受能力都不会收到好效果。

（5）慎言。所谓"慎言"，就是不说过头话。提倡"慎言"，是针对言与行的关系提出的。"君子食无求饱居无求安，敏于事而慎于言，就有道而正焉""古者言之不出，耻躬之不逮也""多闻疑，慎言其余，则寡尤"。这些就是说，做事情要勤劳敏捷，说话要谨慎讲究分寸，做不到的事情，就不要承诺，如果在言与行实在无法一致的情况下，宁可多做事，少说话，也绝不能说多做少，言过其行。

好口才必备的四种素质

1. 思想素质

言为心声。不同的世界观、人生观、道德观、生死观、苦乐观、审美观，常常支配着人的话语品位。"良好的口才"与"巧舌如簧"是两个感情色彩不同的词语，后者有时候可以用来作为贬义词。我们说某人具有"良好的口才"，尽管是侧重于语言技巧上的赞美，但往往也包含着对其说话所表达出来的正确的观念、信念和人格品位的赞赏。

内森豪尔说："为祖国牺牲没有什么可以遗憾的，遗憾的是我只能牺牲一次。"

闻一多说："我们不怕死，我们有牺牲的精神。我们随时像李先生一样，前脚跨出大门，后脚就不准备再跨进大门。"

张海迪说："虽然我的生命不长了，但是我觉得早起点、晚睡点、多做点事情，就是相对地延长了生命。"

正确的观念、信念、人格品位，是良好的口才不可或缺的深层基础，当它们从"水面"下显露出来的时候，很可能形成语言的气势、强烈的感情色彩以及话语的针对性。语言的艺术性完全是受正确的观念、信念、人格品位支配的，其中，信念又显得特别重要。当一个人将自己确信的观点、原则和理论当作行为动力的时候，信念往往首先从语言上呈现出来。

2. 道德素质

一个人说话的美丑优劣，与其道德素养是分不开的。人们在评论一个人的文章时常说"文如其人"。其实，一个人在社会交往中的言语，更如其人。因此，说话在一定程度上代表着一个人的道德水准。《光明日报》1994 年 7 月 25 日有一篇题为《不同寻常的足迹——记我国杰出的女工程物理学家王承书》的长篇通讯，读来令人十分感动。王承书 1954 年从美国归来，回国后的几十年中，她只有一次是主动去看病，因为病情已经影响她的工作了。当她得知，她的眼病已无法治疗的时候，既不紧张，也不懊丧。医生对她说，有一种进口药，可以试一试，王承书问："能治好我的眼病吗？""恐怕不能，最多只能暂时控制。"医生答道。"多少钱一支？""600 元。"王承书笑了，幽默地说："你看，我这眼睛还值 600 元吗？"王承书没让医生给她治疗眼睛，她觉得自己这么大年纪了，既然自己的青光眼和白内障只能暂时控制，无法治好，又何必浪费国家和集体的钱财呢，即使眼睛看不见了，也可用嘴、用手为党和国家作贡献。她对祖国的热爱和对党的忠诚，始终贯穿于她的全部事业，成为她思想、行动的出发点和归宿。

3. 心理素质

一个人的心理素质虽无实体可触可摸，但却实实在在地决定着人的表达和反应。"心慌意乱，语无伦次"，说的就是这个道理。鲁迅先生分析认为，一些人"'急不择言'的原因并不在于没有想的工夫，而在于有工夫的时候没有想"。鲁迅先生剖析的是深层次的原因，是平时积累的问题。但我们要看到，"急不择言"与心理素质、心理因素总是有关系的。情绪紧张，不善于控制和调节情绪，易受周围环境干扰。

第二次世界大战期间，荷兰被德军占领，荷兰流亡政府在伦敦设立总部。荷兰总理原来很少出国，几乎不会说英语。有次会见丘吉尔时，他刚刚看到丘吉尔就伸出手友好地说："Good-bye。"丘吉尔愣了一下，回答道："先生，我真希望所有政治性会见都如此简短而且切中要害。"这里，表现了丘吉尔反应的迅速和善意的幽默，同时也看出了荷兰流亡政府总理的紧张，他虽然"很少出国"，但毕竟出过国；虽然是"几乎不会说英语"，但毕竟懂一些客套语。再说作为欧洲的一个政府的总理不见得连何时该说"Good-bye"也不懂吧！闹出这个笑话的原因主要是由于他见到丘吉尔这位大名鼎鼎的首相，心里有些紧张的缘故。香港凤凰卫视的著名节目主持人窦文涛，上初中时还很腼腆，曾被人误认为是女孩子，而且还有点结巴。后来经过刻苦练习，长大后居然成为著名主持人。他在《凤凰周刊》2000 年试刊号的一篇文章中说："人要珍惜每一个当众出丑的机会。我在上初中的时候，教师让我参加演讲比赛，写了演讲稿，也倒背如流了，我让家里的人说任何一个自然段的头一个字，我刷刷地就把下面的给背出来了。上台的时候，底下黑压压的一片，我背了第一段，就想第二段开头的字，背完了第二段，我的大脑一片空白，冲着全校师生沉默了足有一分钟，吓得尿裤子了，全校师生目睹我跑出校门。后来我回学校总觉得旁边有女生笑我。老师对我说：'虽然你没有讲完，没有取得名次，但是你朗诵的那两段挺好的。你不要紧张，能背下来肯定能得一个名次，我推荐你去区里参加比赛。'我这次答应得比上次痛快，好像觉得无所谓了，结果背下来真得了一个名次。从此之后，我就有点变化了……卸下这个负担后，我觉得自己还行，也能经常在这种场合露露脸。再往后，我就慢慢总结出一个道理，只要在大庭广众之下讲话，就要设法进入一个心理上的自由王国和无我的状态。"

做个说话站得住脚的人

　　古往今来，人们对说话的态度众说不一，其中一种在表述语言的最高境界时用了两个字——危言，危言的境界与"大相无形，大音希声"等先哲言语有异曲同工之妙。正如禅宗"教"人"将嘴挂在墙上"。但我们平常生活中的人，谁能不说话？即便先哲也免不了说话，只是这时候说，那时候不说，该说的说，不该说的不说。除了哑巴才不能正常说话，但他也有自己的表达方式。

　　其实，说话中大有学问。有时想说而不能说，有时想说而不该说，有时想说而不会说，有时想说而不敢说。古希腊有个寓言把舌头比做怪物，它能用最美好的词语来赞誉你，也可以用最恶毒的言辞来诅咒你，它能把蚂蚁说成大象，也能把小丑说成国王。

善于说话的人，可以流利地表达自己的意图，也能把道理说得清楚、动听，并使别人乐意接受。有些人善言健谈、出口成章，说出无数金玉良言、绝词妙句、豪言壮语、警世箴言；又有些人信口雌黄、搬弄是非，制造废话、蠢话、无用之话，给人留下说话轻浮、行动草率的不良印象。

常言道："良言一句三冬暖，恶语伤人六月寒。"一句话可以把人说得笑，一句话也可以把人说得跳。言语是思想的衣裳，在粗俗和优美的措辞中，展现不同的品格，在不知不觉，有意无意间为别人描绘自己的轮廓和画像。

在今天这样的信息时代、文明社会，探讨学问、接洽事务、交换信息、传授技艺，还有交际应酬、传递情感和娱乐消遣都离不开说话。甚至衡量一个人是否有力量，这种力量能否表现出来，在很大程度上都要看他说话的能力。另外，我们还知道口才不是先天造就的，完全可以通过自我训练来提高。因此，说，还是不说，说什么，怎么说，和谁说，是一种文化，更是一门艺术，掌握这门艺术，就能驾驭奇妙的舌头，改变你的一生。

为此，我们可以从以下几个方面来修炼自己说话的形象和语言能力。

首先，可以试着清除语音障碍，调整自己的音色。有的人声音尖锐刺耳，有的人声音沙哑低沉，尽管一个人声音的基调改变不了，但每个人还是可以发出一些不同的声音，其中，也必有一种音色是最亮丽而具有魅力的。在不同场合，要注意运用有效的发音。坚毅激进的声音，给人一种奋发感；柔和、清脆的声音使人愉快；低缓忧郁的声音让人悲哀；而粗俗急躁的声音则使人发怒。

其次，说话还要保持恰当的速度。太快，使人喘不过气来，听不清，白费口舌；太慢，使人听得不耐烦。在说话中，声调要注意有高有低，正如乐曲中的快慢和强弱，要使你的话如同音乐一样听，就要注意快慢高低。另外，说话带口头禅，会扰乱节奏，显得杂乱无章。平时说话声音不能太响，在公共场合特别要注意文明，大声喧哗只能遭别人白眼。

在人际交往中，最忌讳傲慢的腔调，趾高气扬的神情，刻板僵硬的语气。而谦逊的态度、委婉动听的语调，可以使人心悦诚服。在奥斯卡领奖台上，著名影星英格丽·褒曼在连获两届最佳女主角奖后，又一次获得最佳女配角奖，但她对和她角逐此奖的弗伦汀娜推崇备至。"原谅我，弗伦汀娜，我事先并没有打算获奖。"谦逊的一句话就消除了对方的心理隔阂。

再次，不要以自我为中心，不要把最没有价值的"我"字当成说话中最大的字，把频率最高的"我想""我认为"改成"我们""你看呢""你觉得"。少叙述自己的经历故事，除了真正贴切简短以外，更不要逢人便滔滔不绝，视周围人为宣泄对象。开口诅咒、闭口发誓、漫天许愿、随便插嘴，也是粗鄙俗劣的表现。不讲别人不感兴趣的话题，要把所有人的谈兴都调动起来。

当然，我们还应意识到：说过头的话、刻薄话、挖苦或讽刺话、伤害感情的话都会给别人的心灵留下创伤。尽量避免舌头惹麻烦，不搬弄是非，不说人之短，不谈他人隐私。当遇事应当表露时，不要畏畏缩缩，鼓不敲不响，话不说不明，要勇于把当时的情况讲明，否则会人为地引起麻烦，产生误会，事后难以说清。

夸张的词语有着引人注意的效果，但用得太过，反而使人不相信。不可能每次说的都是最重要的消息，不可能每次都讲最动人的故事，随时、随地经常出现"最"这个字，别人会认为你是个喜欢夸大的人。

最后，有些人经常由于自卑心理，嘴唇张不开而不敢说。或因某种原因而不屑开口说。孔子说："志有之，言以足志，文以足言；不言，谁知其志？"就是要让人不要总是沉默或不要无谓沉默。其实说话和写文章一样，关键是第一句，只要勇敢地讲出第一句话，紧接着第二、第三、第四句就会跟着吐出来，别人绝不会在意说得怎样。所以把话说出来是关键，因为无论怎样，你表达了自己的思想，而与人交流才是学习和进步的阶梯，不要当"故作"深沉的智者，把自己封闭起来并无益处。

天天说话不见得会说话

人天天都在说话，但是，有的人说起话来，娓娓动听，使人如沐春风；有的人说起话来，锋芒锐利，像是一柄利刃，令人感觉到十分恐惧；有的人说起话来，一开口就使人感觉到讨厌。所以人的面貌各不相同，而人所说的话和获得的效果，也正像面貌一样各个不同。

说话不是一件容易的事。我们天天都在说话，但并不见得个个都会说话。"口齿伶俐""三寸不烂之舌"这种赞词，完全是对于会说话的人的称赞。话说得好，小则可以欢乐，大则可以兴国；话说得不好，小则可以招怨，大则可以丧身。

近代美国诗人弗洛斯特从说话的角度，把一般人巧妙地分成两类：第一类是满腹经纶，却说不出来的人；第二类是胸无点墨，却滔滔不绝的人。弗洛斯特的观察非常深入，我们在生活中经常看到一肚子学问而讷于言辞的人，也经常听见不学无术的人废话连篇。所以，交谈最根本的条件是：既要有充实而有价值的内涵，又要善于表达，使人听得痛快，而且回味无穷。所以"有话可说"实在不是件容易的事，要达到"言之有物"的境界，更要不断学习，力求充实自己。

中国传统并不鼓励人研究交谈方法，最多不过是提出若干基本原则，让人"运用之妙，存乎一心"而已。但是，我们中大部分人却没有能力去体会并运用这些原则，甚至曲解"巧言令色，鲜仁矣"的道理，不敢开口。然而在当今社会，社交场合交谈艺术却已是处世的第一要诀，不可不细加研究。律师出身的美国参议员，也是美国最著名的演说家之一——戴普曾经说过："世界上再没有什么比令人心悦诚服的交谈能力更能迅速获得成功与别人的钦佩了，这种能力，任何人都可以培养出来。"

的确，能够在交谈中把意思有效地表达出来的人，走到哪里都可以出人头地。他们不但可借口才引起旁人的重视，也比一般人拥有更多、更好的发展机会。一个人必须了解：如何探寻事物，如何说明事理，以及如何进行说服性的言谈，才能获得他人的支持和事业上的成功。

动情的叙述更有魅力

说话同写文章一样，句子之间要有动感，有动感的句子组成的文章会变得精彩，正如有动感的话语，会让人觉得动听。当然，这里也包括讲话时适当的神态动作。

有一次，卡耐基在给学生演讲"生命如何度过"时，随身携带了一件物品，用一方手巾蒙着。演讲开始的时候，他就把它置于桌子的右侧，并数次在情绪激烈时默默地抚摸一下。所有的听众都在听卡耐基慷慨激昂的演讲。卡耐基的声音充满感情，而他抚摸这件物品时更显得感情凝重，人们心里在疑惑，这是一件什么样的东西呢？注意力便都集中起来了。

卡耐基接着讲道："美国南北战争时，有一个战士名叫莱特，他不过是数百万北方军队中一名普通的士兵。他作战勇敢，每次冲锋都跑在最前面。他说他只有一个心愿，就是解放南方黑奴，让自由和民主回到人民手中。他的勇敢获得了无数次的嘉奖。在刚刚接受一枚英雄勋章后，莱特，亲爱的莱特，却遇到了不幸。在一场遭遇战中，他倒下了。临死之际，他手握着那枚英雄勋章说：'把它送给我的母亲。'人们照着他的话做的时候，发现他是母亲唯一的亲人。他的母亲同样也是伟大的，宁愿自己忍受孤苦寂寞的晚年生活，也要把儿子送到前线……如今，这位伟大的母亲和他的儿子都已离去，但这枚勋章却保留了下来，它永远鼓励着我们为大众的利益而努力奋斗，看，它就在这儿。"

卡耐基说完，在全场听众的注目下，轻轻揭开手巾，露出了一个盒子，他再打开盒子，一枚金黄色的勋章躺在红色的绒布之上。所有的听众在那一刻静默无声，有的人悄悄地流下了眼泪。人们为英雄的伟大而感动，也对卡耐基的良苦用心钦佩之至，感动使他的演讲变得何其丰富啊。

下面再看看列兰·史多是怎样打动听众，让他们支持联合国儿童救援行动的。

"我但愿自己再也不会目睹此情此景。一个孩子和死亡之间只差一颗花生，还有比这更凄惨的吗？我希望各位永远不会看到这一幕，也不必在事后永远活在这种悲惨的记忆里。如果本月里某一天，在雅典被炸弹炸成一片废墟的工人区里，你曾听到他们的声音，见到他们的眼睛……可是，我所能留下的一切，只是半磅重的一罐花生而已。当我费力地打开它时，成群衣不裹体的孩子把我团团围住，疯狂地伸出他们的小手。更有许多的母亲，怀抱婴儿你争我抢……她们都把婴儿举向我，皮包骨头的小手抽搐地伸向我。我尽力使每个花生都发挥最大作用。

在他们疯狂的簇拥之下，我几乎被他们撞倒。眼前只见几百只手：渴望的手、挥动的手、无望的手，全是瘦小的可怜的手。这里分一颗花生，那里分一颗花生。再在这里一颗，再在那里一颗。数百只的手伸着，乞求着；数百只眼睛闪着渴望的光芒。我无助地站在那里，手中只剩个蓝色的空罐子……哎呀，我希望这种悲惨永远不会发生在你的身上。"

在列兰·史多动情的叙述中，听众的内心深处受到了巨大的震撼，列兰·史多也因此获得了成功。

说话要顾及别人的感受

说话，通常不是说给自己听，而是说给别人听。所以，不能光顾自己说话，不顾别人的感受。如果不听别人的反馈，不给别人说话的机会，那么即使说再好听的话也是废话。

说话说得好，不如说得巧。一句话可能令人晋位升爵，但也有可能招来杀身之祸。尽信书不如无书，同样的，如果不能融会贯通说话的学问，那就少言为妙。

三国时期的杨修，在曹营内任主簿。他为人才思敏捷，是当时不可多得的人才之一，但是由于十分恃才自负，屡次得罪曹操而不自知。

一次，曹操建造一所花园，竣工后，曹操四处观看，不发一语，只提笔在门上写了一个"活"字，众人看了都不解其意，只有杨修笑着说："'门'内'活'字，乃'阔'字也。丞相嫌你们把园门造得太宽了。"

于是，手下再筑围墙，改造完毕又请曹操前往观看。曹操看了非常高兴，一问之下，知道杨修解出自己出的谜题，嘴巴上虽然连连称赞几句，但心里却很不是滋味。

又有一天，塞北送来一盒酥饼，曹操在盒子上写了"一合酥"三字。正巧杨修进来，看了盒子上的字，竟不待曹操开口，径自取来与众人分食。曹操质问杨修，杨修嘻嘻哈哈地说："盒子上写明了一人一口酥，我又怎么敢违背丞相的命令呢?"

曹操听了，虽然勉强保持风度、面带笑容，心里却十分厌恶杨修这种得了便宜还卖乖的行为。

曹操生性多疑，生怕遭人暗中谋害，因此谎称自己在梦中会不自觉地杀人，告诫身边侍从在他睡着时切勿靠近他，后来还故意杀死一个替他拾被子的侍卫，借此杀鸡儆猴。

没想到杨修得知这件事，马上看穿曹操的心意，对着死去的侍卫喟然叹道："丞相非在梦中，君乃在梦中耳。"

曹操哪里经得起这样的冷嘲热讽，下定决心，非把杨修这个人除之而后快不可。

机会终于来了。曹操率大军攻打汉中，迎战刘备时，双方在汉水一带对峙很久。曹操由于长时间屯兵，已经陷入进退两难的处境。此时，恰逢厨子端来一碗鸡汤，曹操见碗中有根鸡肋，感慨万千。

　　刚好夏侯惇在这时进入帐内禀请夜间口令，曹操随口说道："鸡肋。鸡肋。"夏侯惇便把这两个字当作口令传了出去。

　　行军主簿杨修听见，便叫随行的部众收拾行装，准备归程。

　　夏侯惇见了惊恐万分，立即把杨修叫到帐内询问详情。

　　杨修解释道："鸡肋鸡肋，弃之可惜，食之无味。今进不能胜，退恐遭人笑，在此有何益处？来日魏王必定班师矣。"

　　夏侯惇对杨修的这一番解释非常佩服，于是，下令营中将士打点行装，好鸣金收兵，准备撤退。

　　曹操得知这种情况，一口咬定杨修造谣惑众，在他身上安了一个扰乱军心之罪，毫不留情地把他杀了。

　　杨修颇有些聪明，最后却聪明反被聪明误。他恃才傲物，只想一味夸耀自己的机智，完全不顾及别人的感受，即使面对的是顶头上司，还要处处露一手，终于惨遭灭顶的命运。

　　一个真正懂得说话的人，不见得字字珠玑、句句含光，但是，他总是能说出对方想听到的话。

怎么说才能让人心里舒服

　　有些人说话虽然在内容上不占优势，但他的说话方式却会给人一种非常迷人、令人舒服的感觉。毕竟说话者有其本性，每一次对话会因为说话技巧的不同而有各种不同的回响、反应。那么，使对方愿意听我们说话并把他步步引入对话的绝佳境地有什么技巧呢？

1. 风格明快

生活中大多数人不喜欢晦暗的事物，即使草木也需要阳光才能生长。同样，给人阴沉感的谈话，会让人有疑虑感、厌恶感及压迫感。反之，说话简洁明快，则容易让人接受。

2. 声音独特

有的人说话的声音给人一种享受，因为他（她）的嗓音实在是很动人。他们（她们）谈话时，非常注意说话的声音，而选择说话的声音，完全依靠他们（她们）的天赋、个性及所要表达的情感而变化。有条件的话，你可自我充当对象，把自己的话录下来再仔细地听，你可能会吃惊地发现，自己说话竟有那么多毛病。这样经常检查，发音的技巧就会不断提高。

3. 语气肯定

每个人都有自尊心，很容易因为某些微不足道的事感到自尊心受损。如此一来，如果在谈话中稍不注意说话的方式方法，对方会立即反射性地表现出拒绝的态度。所以要对方听你说话，首先得先倾听对方要表达些什么。所谓"说话语气肯定"并不是指肯定对方说话的内容，而是指留心对方容易受伤害的感受。

4. 语调自然

自然的声音总是悦耳的，在交谈中我们应该注意，交谈不是演话剧，无论你是什么样的语调，都应自然流畅，故意做作的声音只能适得其反。当与你交谈的对象不是一个人，而是许多人时，应采用以下的技巧：当前一个人声音很大时，你开始说话时就可以压低声音，做到低、小、稳；当前一个人音量较小时，你的开始句就要略提高音量，清脆响亮，以引起大家的注意。

5. 习惯用法

人类生存在当今的语言环境中，对于语言拥有自己的运用标准，一旦不符合标准，就会产生不协调的感觉，其中包括语气与措辞。在人际关系中，确实有必要根据实际情况或对方是谁而分别使用适当的语言。如果不分亲疏远近，一律以和同事谈话时的措辞来谈，那么对方将不会耐心地听我们说话。

"太好了!""好棒哟!""真可怕!"这些都是一般女孩子说话时常会冒出来的感叹词。当然，这也是一种感情洋溢的表现。一句话若没有抑扬顿挫，则流于平淡，引不起对方的兴趣，若能添一些感叹词，则能增加彼此之间的谈话的气氛，但要适可而止，过多的感叹词，亦会抹杀言词的重要性，使对方不能分辨你的意思。

6. 思路清晰

当之前的谈话争论不休，而且没有头绪时，你站出来讲话，就要力求语句简短，声音果断，有条理。

在大众场合发言时，你要想清楚自己讲什么，怎么讲，讲到什么程度。再者最好不要夹在中间，要么赶在前面，要么最后再讲，这样才能使人印象深刻。

获得好感的五种说话方式

1. 多提善意的建议

当一个人关心你时，只要这份关心不会伤害到自己，并且对方还提了一些善意的建议，你当然会欣然接受，对这个人产生好感。那么，反过来你对别人若也如此，别人也会同样对你产生好感。

满足他人自尊心最佳的方法就是善意的建议。对方是女性时，仅说"你的发型很美"，只不过是句单纯的赞美词；若是说

"稍微剪短，看起来会更可爱"，对方定能感受到你对她的关心。若是能不断地表示出此种关心，对方对你必然更加亲切信任。

2. 偶尔暴露自己一两个小缺点

有时坦率地暴露缺点，反而会迅速获得对方的信任，给对方留下一个正直、诚实深刻的印象。

只是暴露自己的缺点并不是毫不保留地将所有的缺点都暴露出来，如此做，反而使人认为你是个毫无可取之人，因而丧失了对你的信任。

暴露的点只要一两个就可以了，可使他人把这一两个缺点和其他部分联想在一起，因而产生其他部分毫无缺点的感觉。但这绝不是狡诈，只是交际的策略和需要。因为也没有人会拿自己的缺点和别人交往。"这个人有点小缺点，但是其他方面挑不出毛病来，是个相当不错的人。"类似上述的想法就能深深植入他人的心中。

3. 记住对方所说的话

一位心理学家应邀去演讲，不料主办方却问他："请问先生的专长是什么？"他颇为不高兴地回答："你请我来演讲，还问我的专长是什么？"

招待他人或是主动邀约他人见面，事先多少都应该先收集对方的资料，这是一种礼貌。换句话说，表现自己很关心对方，必然能赢得对方的好感。

记住对方说过的话，事后再提出来作为话题，是表示关心的做法之一，也是说话的策略之一。尤其是兴趣、嗜好、梦想等事，对对方来说，是最重要、最有趣的事情，而且对方一定会觉得很愉快。在面试时，不妨引用主考官说过的话，定能使主考官对你另眼相看留下深刻的印象。

4. 注意对方微小的变化

生活中，一般做丈夫的都不擅长对妻子表现自己的关心。比方说，妻子上美容院改变发型时，明明觉得她"看起来年轻多了"，却没有任何表示，因而使妻子心里不满，觉得丈夫不关心自己。

不论是谁，都渴求拥有他人的关心。而对于关心自己的人，一般都具有好感。因而，若想获得对方的好感，首先必须积极地表示出自己的关心。只要一发现对方的服装或使用的物品有些微小的改变，不要吝惜你的言辞，立即告诉对方。例如：同事打了条新领带时，"新领带吧。在哪儿买的？"像这样表示自己的关心，绝没有人会因此觉得不高兴。

另外，指出对方与往日的变化时，越是细微和不轻易发现的变化，越能使对方高兴。不仅使对方感受到你的细心，也感受到你的关怀，转瞬间，你们之间的关系就会远比以前更亲密可信。

5. 呼叫对方的名字

欧美人在说话时，常说："来杯咖啡好吗？莱克先生"，"关于这一点，你的想法如何？莱克先生"，频频将对方的名字挂在嘴边。这种作风往往使对方涌起一种亲密感，宛如彼此早已相交多年。其中一个原因是他感受到对方已经认可自己了。

在我们的社会里，晚辈直接呼叫长辈的名字，是种不礼貌的行为。但是，平辈之间借着频频呼叫对方的名字，来增进彼此的亲密感，应是个非常有益于彼此交往的方法。

6. 注意细节投其所好

有位朋友有个奇怪的习惯，总是把他人名片的背面写得密密麻麻。与其说他是为了整理人际资料或是不忘记对方，倒不如说是为了下一次见面做好准备。也就是说，将对方感兴趣的事物记录下来，再度见面时，自己就可提供对方关心的情报作为礼物。即使只是见过一次面的人，若能记住对方的兴趣，比方说是钓鱼吧。在第二次、第三次见面时，不断地提供这方面的知识或是趣事，借此显示自己对于对方的兴趣很关心，结果，必然使对方产生很大的好感。

或许有些人会认为此种做法太过于功利，事实绝非如此。这种做法的确出于对对方的关心，更何况对对方也是真正有益的。借着经常保持此种姿态，结果必然能将一般通用的话题化为己身之物。换句话说，以长远的目标来衡量，此种做法能成为表现自我的有力武器，以此迅速获得对方对自己的好感和信任。

第二章
打造口才高手的技巧

看进去的东西，不是口才；讲出来的，才是口才；吸收进去的，不是口才，表达出来的才是口才。说话容易，成为口才高手却一条漫长的道路，积累素材、说好第一句话、从"闲谈"中找资料等，都是打造好口才的技巧。

积累素材，你的发言才能站得住脚

说话是一门艺术，所能表达的内容包罗万象，如果只在技巧上下功夫，而忽略了自身素质的培养和知识的积累，只能是舍本逐末，徒有一副空架子。

而在现实生活中，许多人以为口才只是口上之才，以为口才好的人，只是因为他们很会说话，而自己是因为没有掌握说话的技巧，才不会说话的。他们看见许多口才好的人什么都可以说，谈什么都很动听，就觉得他们的口齿伶俐。这种看法是片面的、肤浅的。固然，口才的能力有赖于相当的训练，但口才的实际基础是他们善于思考、善于观察、兴趣广泛、常识丰富，以及具有强烈的同情心和责任心。俗话"巧妇难为无米之炊"说的就是这个道理。

追本穷源，一个口才好的人，必须经常在观察和思考上下功夫。他们不断地扩充自己的兴趣，积累自己的知识，培养自己的同情心和责任心。他们谈话的题材源泉是非常丰富的。

著名剧作家曹禺曾说，哪一天我们对语言着了魔，那才算是进了大门，以后才有可能登堂入室，成为语言方面的富翁。那么，我们应该怎样来具体学习、锤炼语言呢？下面介绍几种可行、有效的方法。

首先，要多读书，多看报。日常生活中，我们每天都离不开报纸、杂志和书籍。在读书看报时，备一支笔、一些卡片纸和一把剪刀，把所见到的好文章或让自己心动的话语画出来，或者剪下来，或摘抄在卡片纸上。每天坚持做，哪怕一天只记一两句，也是很有意义的。日积月累，在谈话的时候，也许就会不经意地用上它们，从而使自己的讲话内容丰富起来。

其次，要善于学习。对于谈话的题材和资料，一方面要认真地去吸收，另一方面要好好地去运用。懂得如何运用，可以使一句普通的话发挥出惊人的效果。学习吸收的目的是为了很好地应用，不能应用的吸收毫无意义。

俗话说："熟读唐诗三百首，不会作诗自会吟。""穷书万卷常暗诵"，吟咏其中，则可心领神会，产生强烈的兴味。摸熟语言的精微之处，则会唤起灵敏的感觉；熟悉名篇佳作的精彩妙笔，则会获得丰富的词汇，自己演说和讲话时，优美的语言亦会不召自来，这并非天方夜谭之事。只要我们潜心苦读，勤记善想，揣摩寻味，持之以恒，就能尝到醇香厚味，如果反复地用，不断地学，久而久之就可以像郭沫若所说的那样"于无法之中求得法，有法之后求其他"了。

另外，要注意搜集并积累警句、谚语，在听别人的演讲或别人的谈话时，随时都可以听到表现人类智慧的警句、谚语。把这些话在心中重复一遍，记在本子上，久而久之，谈话的题材、资料就越来越多，说起话来条理也就越来越清楚，说出来的话自然更容易站得住脚。

最后，还要提高观察问题、思考问题的能力。提高自己的表达能力，就要不断提高自己观察问题、思考问题时的敏锐性，丰富自己的学识与经验，并增强想象力与敏感性。随着表达能力的提高，你的生活也将丰富多彩，整个人的个性素质和各方面的能力都会提高，从而成为一个说话高手。

说话站得住脚的第一要素是什么

20 世纪的口才大师、英国首相丘吉尔在自己的第一篇口才学论文中曾认真地分析和论证了口才的语言技能问题。他得出结论：口头表达艺术主要有四大要素，而其中占第一位的就是口语的节奏。丘吉尔是深谙口才之道的，他将"节奏"列在四大要素之首，就是因为他切实体会到和懂得口语节奏具有十分强烈、深刻和丰富的表现力。

节奏，是大自然和人类社会运动形式的一种表现。日出日落，潮涨潮消，花开花谢，冬去春来；人的起居作息，社会的兴衰更替，都无不体现出事物运动形式的变化，一种有规律、有秩序的变更。事物运动过程中所呈现的有规律、有秩序的变化，就是节奏。

中国的古代典籍《礼记》中说："节奏，谓或作或止。作则奏之，止则节之。"还说，"言语之美，穆穆皇皇。穆穆者，教以和；皇皇者，正而美"。

唐代大诗人白居易的名篇《琵琶行》中对琵琶音乐节奏有过绝妙的写照：

大弦嘈嘈如急语，小弦切切如私语。

嘈嘈切切错杂弹，大珠小珠落玉盘。

间关莺语花底滑，幽咽泉流冰下难。

冰泉冷涩弦凝绝，凝绝不通声暂歇。

别有幽愁暗恨生，此时无声胜有声。

银瓶乍破水浆迸，铁骑突出刀枪鸣。

曲终收拔当心画，四弦一声如裂帛。

这里的"急语""私语""莺语"和"大珠小珠"等就生动地展现了琵琶乐音的轻重快慢及起伏停顿的节奏。

古人早就认识到了节奏的性质和口语节奏的表现力。现代人也常说，"急人快语""疾言厉色""语重心长""听话听声，锣鼓听音"等。这些，也都从不同角度说明了口语节奏所具有的感情色彩、形象内涵和动人力量。

一次谈话，一回座谈，一场论辩，一台演讲，一堂教学从头到尾声调高亢不行，从头到尾轻声细语也不好；从头到尾平铺直叙，平淡无奇不妥，从头到尾光怪陆离、危言耸听也不佳。要使听众自始至终都能精神饱满和有效地接受信息，使讲话、座谈、教学和演说获得理想的效果，必须做到以下两点。

（1）在声音形式上，语音就应有高有低，语调就应有抑有扬，语速就应有快有慢，吐字停顿就应有长有短。

（2）在内容、风格和表达手法方面，信息就应有强有弱，主旨就应有贴有离，文采就应有浓有淡，风貌就应有俗有雅，情与理就应有穿插交错，论述与例证就应有多种多样的逻辑格式展开。

一般来说，口语节奏有如下语言效果。

一种效果是，高亢铿锵的语调催人奋发，快急的语速使人激动、紧张，低沉的语音叫人深思和黯然神伤。或者进一步说，快的语速，重的语音，扬的语调，短的句式，小的停顿，凝练的信息内容，刚健的词语风格会表现出兴奋、爽快、高昂、激动和急切的感情色彩，从而使听众不自觉地受到相应的感情冲击和影响，并产生相应的亢奋、紧张或紧迫等心理。

另一种效果是，慢的语速，轻的语音，抑的语调，长的句式，大的停顿，松散的信息内容，柔和的语词风格又可显示出安然、从容、平静、淡雅和严肃、沉重的感情色彩，从而又会使对象不由自主地受到相应的情绪感染和影响，并产生相应的闲散、悠缓、恬适、庄重、深沉和悲痛的心理。

说好第一句话关系重大

俗语说："开弓没有回头箭。"在社交场合中，我们与人打交道，所说的第一句话就相当于这把箭无法收回，它决定了你将要谈话的心态，也暗含了你谈话的动机。特别是与人初次见面，第一句是留给对方的第一印象，也是给对方此次谈话要旨的第一个信号。因此，说好第一句话便关系重大。常见的有三种方式。

1. 攀亲式

三国时，赤壁之战中，鲁肃见诸葛亮的第一句话是："我，子瑜友也。"子瑜，就是诸葛亮的哥哥诸葛瑾，他是鲁肃的挚友。短短的一句话就定下了鲁肃跟诸葛亮的交情。其实任何两个人，只要彼此留意，就不难发现双方有着这样或那样的"亲""友"关系。例如：

"你是复旦大学毕业生，我曾在复旦进修过两年。说起来，我们还是校友呢？"

"您来自苏州，我出生在无锡，两地近在咫尺。今天得遇同乡，令人欣慰。"

2. 问候式

"您好"是向对方问候致意的常用语。如能因对象、时间的不同而使用不同的问候语，效果则更好。对德高望重的长者，宜说"您老人家好",以示敬意;对年龄跟自己相仿者,称"老×(姓),您好",显得亲切;对方是医生、教师,说"李医生,您好""王老师,您好",有尊重意味。节日期间,说"节日好""新年好",给人以祝贺节日之感;早晨说"您早""早上好"则比"您好"更得体。

说好第一句话,仅仅是良好的开始。要谈得有味,谈得投机,谈得融融乐乐,还有两点要引起注意。

第一,双方必须确立共同感兴趣的话题。有人以为,素昧平生,初次见面,何来共同感兴趣的话题?其实不然。生活在同一时代,同一国土,只要善于寻找,何愁没有共同语言?一位小学教师和一名泥水匠,似乎两者并没有共同的话题。但是,如果这个泥水匠是一位小学生的家长,那么,两人可就如何教育孩子各抒己见,交流看法,如果这个小学教师正在盖房或修房,那么两者可就如何购买建筑材料,选择修造方案沟通信息,切磋探讨。只要双方留意、试探,就不难发现彼此对某一问题有相同的观点,某一方面共同的兴趣爱好,某一类大家关心的事情。有些人在初识者面前感到拘谨难堪,只是因为没有发掘共同感兴趣的话题而已。

第二,注意了解对方的现状。要使对方对你产生好感,留下不可磨灭的深刻印象,还必须通过察言观色,了解对方近期内最关心的问题,掌握其心理。例如,知道对方的子女今年高考落榜,因而举家不欢,你就应劝慰、开导对方,说说"榜上无名,脚下有路"的道理,举些自学成才的实例。如果对方子女决定明年再考,而你又有自学、高考的经验,则可现身说法,谈谈高考复习需注意的地方,还可表示能提供一些较有价值的参考书。在这种场合,切忌大谈榜上有名的光荣。即使你的子女已考入名牌大学，也不宜宣扬，不能津津乐道，喜形于色，以免伤到对方的颜面。

3. 敬慕式

对初次见面者表示敬重、仰慕，这是热情有礼的表现。用这种方式必须注意，要掌握分寸，恰到好处，不能乱吹捧，不说"久闻大名，如雷贯耳"一类的过头话。表示敬慕的内容应因时因地而异。

例如：

"您的大作我读过多遍，受益匪浅。想不到今天竟能在这里一睹您的风采。"

"今天是教师节，在这光辉的节日里，我能见到您这样颇有名望的教师，不胜荣幸。"

储备一些和别人"闲谈"的资料

一般的交谈总是由"闲谈"开始的，说些看来好像没有什么意义的话，其实就是先使大家轻松一点，熟悉一点，营造有利交谈的气氛。

当交谈开始的时候，我们不妨谈谈天气，而天气几乎是中外人士最常用的普遍话题。天气对于人的生活太密切了，天气很好，不妨同声赞美；天气太热，也不妨交换一下彼此的苦恼；如果有什么台风、暴雨或是季节流行病的消息，更值得拿出来谈谈，因为那是人人都关心的。

开始交谈，的确是需要相当的经验，当你面对着各式各样的场合，面对着各式各样的人物，要能做得恰到好处，实在不是一件容易的事。倘若交谈开始得不好，就不能继续发展彼此之间的交往，而且还会使得对方感到不快，给对方留下不好的印象。

自然，亲切有礼、言辞得体是最重要的。然而做到这一点，也不能说就一定会收到良好的效果。

因此，平时除了你最关心、最感兴趣的问题之外，还要多储备一些和别人"闲谈"的资料。这些资料往往应轻松、有趣，容易引起别人的注意。

(1) 家庭问题。关于每个家庭里需要知道的各方面的知识，例如儿童教育、购物经验、夫妇之间怎样相处、亲友之间的交际应酬、家庭布置……这一切，也会使多数人产生兴趣，特别是家庭主妇们。

(2) 运动与娱乐。夏天谈游泳，冬天谈溜冰，其他如足球、羽毛球、篮球、乒乓球，都能引起人们普遍的兴趣。娱乐方面像盆栽、集邮、钓鱼、听唱片、看戏，什么地方可以吃到著名的食品，怎样安排假期的节目……这些都是一般人饶有兴趣的话题。特别是有世界著名的音乐家、足球队前来表演的时候，或是有特别卖座的好戏、好影片上演的时候，这些更是热闹的闲谈资料。

(3) 健康与医药。谈谈新发明的药品，介绍著名的医生，对流行病的医疗护理，自己或亲友养病的经验；怎样可以延年益寿，怎样可以增加体重，怎样可以减肥……这一类的话题，不但能吸引人的注意，而且实在对人有很大的好处。特别是在遇到自己或家人健康有问题的时候，假如你能向他提供有价值的意见，那么自然会拉近你们的距离。

(4) 无伤大雅的玩笑。例如，买东西上当啦，语言上的误会啦，或是办事摆了个乌龙啦，等等，这一类的笑话，多数人都爱听。如果把别人闹的笑话拿来讲，固然也可以得到同样的效果，但对于那个闹笑话的人，就不免有点不敬。讲自己闹过的笑话，开开自己的玩笑，除去能够博人一笑之外，还会使人觉得自己很随和，很容易相处。

（5）惊险故事。特别是自己或朋友亲身经历的惊险故事，最能引起别人的注意。人们的生活常常不是一帆风顺的，每天大家照常吃饭，照常睡觉，可是突然遭遇不幸，或是被迫到一个很远的地方，路上可能遭遇到很多危险……怎样应付这些不平常的局面，怎样机智地或是幸运地在刻不容缓的时候死里逃生，都是人们永远不会漠视的题材。

（6）政治和宗教。这两方面的问题最容易引起人们谈话的兴趣，倘若你遇到的人在政治上和你见解颇为接近，或是具有共同的宗教信仰，那这方面的话题就变成最生动、最热烈、最引人入胜的了。

（7）轰动一时的社会新闻也是热闹的闲谈资料。假使你有一些特有的新闻或特殊的意见和看法，那足够可以把一批听众吸引在你的周围。

（8）笑话。当然，人人都喜欢笑话，假如你构思了大量各式各样的笑话，而又富有说笑话经验的话，那你恐怕是最受人欢迎的人了。

（9）特长。每个人都有自己的特长或者是兴趣和爱好，而每个人都对自己的特长有一定程度的关心。只要我们在与人交往中用心去观察，就很容易发现对方的长处，而在与之闲谈时投其所好，让对方因此而很快对你这个人感兴趣，从而轻轻推开交谈的大门。

为苦口良药裹一层糖衣

一家建筑公司，承接为一家电影院建造一座影楼的任务。双方订立合同，限定日期必须要建筑完成。如果到期还没有竣工，建筑公司必须承担责任，赔偿损失，每天是 2000 元，按日计算。起初，工作进行得很是顺利，预料比限期可以早半个月竣工。后来，想不到装配铜材零件的那家工厂耽误了日期，以致工程无法进行。眼看限期已经迫在眉睫，依照合同应该负担相应的损失赔偿，焦急之下，建筑公司不得不派一位协调员去当面交涉。

派去的协调员，走进那家工厂，碰到了经理，首先就问："在这地方，尊姓是否只有你一个？"那位经理听了这样一句突然的问话，惊奇地说道："什么？是真的吗？你怎么知道的？"协调员笑着说道："这是我今天早上想要到你这里来的时候，从电话簿上看出来的。"经理被好奇心打动了，随手把电话簿子翻开来检查，果然不错，于是很高兴地说道："啊，这我还是第一次知道呢。如果不是你告诉我，我还不会知道这有趣的事呢。我的姓氏本来是很少的，我的祖先从前住在××，那里我们同姓的人家本也不多，现在搬到此地来营业，还不到 20 年呢。"接着，经理说完后，那位协调员再接着赞美那位经理办公室布置优美，业务发达，工厂的规模宏大，产品精良，认为是他所见过的铸铜工厂中最大的一个。那经理听了他的话是乐不可言，因此再请他到厂中去参观一下，并且向他解释各种机器的优点价值，最后还邀他一同去午餐。协调员在与经理用餐期间一直不提他的来意，因为经理早已对他的来意心知肚明，他知道自己提出来经理一定会设辞推托。饭后，经理先生忽然自己开口说道："你今天的来意，我是早已知道了，想不到你待我竟如此宽容和气。现在，我决定暂时把别处的订单搁置一下，竭力替你尽快地赶制，请你放心好了。"几天后，那些铜质零件果然全部送到了建筑公司。

一般情况下，出现这样的事，建筑公司派出的人多半首先是兴师问罪，再剖陈利害，最后勒令对方尽早完工。但如果真是这样，建筑公司就会至少承受一半赔偿损失的危险，因为在你的严斥下，工厂经理可能为了保住生意替你加速赶制，也可能你本身出价不高，他手上又有别的订单，因此也极有可能置之不理，甚至单方面违约。那么，到头来损失最大的还是你。

"良药苦口利于病，忠言逆耳利于行"说的是一个道理，而不是日常生活中能够运用的法则。上面所讲的故事，虽说有些偶然，甚至说有些极端，但起码符合人之常情。我们知道，人和人的感情不仅需要培养，更需要维护，而且规劝别人，正是以维护的目的去做的，那么，何不让苦口良药裹上糖衣呢？

三种"开场白"方式

在人际交往中，开始话题的选择对谈话的成功与否，起着至关重要的作用。首先谈话前要考虑气氛好坏、关系深浅和自己的谈话目的，即在心里解决了"为什么谈"，再来选择适当的谈话主题，开始进入"谈什么"的阶段。

一般而言，开场白有三种不同的方式：

（1）提出问题。

（2）陈述事实。

（3）说出意见。

此外，比较保险的做法是谈论对方或自己的专长、目前进行的工作或最近发生的新闻事件。你要考虑到哪些话题适合用来刺激沉默寡言的人，要刺激这些人的心灵，让他们发表意见，不妨引入以下几方面的话题：感恩、尊敬、宽宏大量、仇恨、道德等。为了掌握谈话气氛，你要善于从对方的开场白中判断他的心理状况。例如当你问候别人"你好吗"时，对方的回答是："哎。别提了。"这时候你几乎可以断定他会向你大吐苦水。相反的，如果对方用兴奋的语调回答说："好极了，你怎么样？"你可以断定他的心情很好。要注意的是，即使对方说："好极了，你怎么样？"如果他的声调很平，这显示他的心情一般，并且不想与你深谈下去。如果你是唯一的谈话圈子以外的人，不了解他们谈论的事情及其目的，那你最好的话题是问问题：这个城市的特征、历史、设施、未来的计划等，人们喜欢谈论自己，而他们所从事的职业、所居住的城市都是自我的延伸。

当然，不要对这些话题发表负面意见。如果在场的有领导，你想得到权势人物的重视，或想让主管知道你这个月的业绩是如何突出，通过第三者进行推介比自我介绍效果要好得多。当然，这个"第三者"应该是你比较熟知的人。谈话时你要把握由闲聊切入正题的时机，培养这样的本能当然很重要，但也有些技术性的规律，比如应仔细观察哪些人加入或退出了谈话圈子，别人对闲聊是否表现出厌烦，以及自己还有多少时间可以准备，等等。如果对方资历很浅，你可以从简单问题入手，使对方感到轻松，因为一开始就谈论宇宙人生或经济状态的大问题往往使人有窒息的感觉，所以当你要引出新话题时，可以先抛出一些简单的问题，当别人感到比较放松时，再转入较深的话题。如果对方是经验丰富者，你可以多请教意见，少要求信息，如果你问的是信息方面的问题，他可能说得上来，也可能说不上来，前者让他觉得他知道的事情你也知道，后者则会让他觉得自己是个傻瓜。请教别人意见就没有这样的风险，被请教的人通常觉得非常受用。不管他对问题的了解程度有多少，多少都能发表一些看法。你越是重视他的意见，他就越觉得受用。在谈话中，要注意提出新的资料与看法，不要甘于做个应声虫。特别是当别人提出他的看法的时候，即使你完全同意他的见解也不要只是点头或是说"再对不过"这样的话。

相反的，你应该提出新的资料或看法。这就像打网球一样要有来有往，即使你球技并不怎么高明，也不能只是静静地站在场上。

要注意每个话题的时间该有多长，话题的长短完全要视不同话题的价值及谈话人的兴趣而定。一般而言，节奏关系到谈话有趣与否。如果一个话题"熄火"了，别试着再去"发动机器"，而应转移到新话题上。除非你们所谈论的事情对某人特别重要，否则每五分钟转移一下话题比较合适。有的时候我们必须给人惊喜或提起别人的好奇心。在这方面，我们有三种方式调整谈话的节奏，这包括升高或降低音调，加快或减慢说话的速度以及增加或减少情感的成分。通常任何细微的改变都能引起别人的注意，这就看每个人的临场发挥了。

第三章
幽默的力量：帮你建立和谐的人际关系

在现代人际交往中，幽默感显得越来越重要了，它被誉为没有国籍的亲善大使。无论从事什么职业，幽默都能使你增添异彩，特别是在人际关系的问题上，能使你顺利地渡过困难的处境，帮助你成功地在社交场合建立和谐的人际关系。

幽默是生活中的润滑剂

友善的幽默能表达人与人之间的真诚友爱，能沟通心灵，拉近人与人之间的距离，填平人与人之间的鸿沟，是有望和他人建立良好关系的不可缺少的桥梁。

特别当一个人要表达内心的不满时，如果能使用幽默的语言，别人听起来会顺耳一些。当一个人需要把别人的态度从否定改变到肯定时，幽默具有很强的说服力。

当一个人和他人关系紧张时，即使在一触即发的关键时刻，幽默也可以使彼此从容地摆脱不愉快的窘境或消除矛盾。

一天，英国著名的文学家萧伯纳在街上行走，被一个骑自行车的冒失鬼撞倒在地，幸好没有受伤。骑车的人急忙扶起他，连连道歉，可是萧伯纳却惋惜地说："你的运气不佳，先生，你如果把我撞死了，你就可以名扬四海了。"萧伯纳的这一句妙语，把他和肇事者双方从不愉快的、紧张的窘境中解放出来，使这场事故得到友好的处理。萧伯纳的幽默不仅给对方留下了难忘的印象，又给人以友爱和宽容。

又有一次，萧伯纳的脊椎骨有病，去医院检查。医生对萧伯纳说："有一个办法，从你身上其他部位取下一块骨头来代替那块坏了的脊椎骨。"又说："这手术很困难，我们从来没有做过。"很明显，医生的意思是这次手术所要收取的费用不同一般。如果萧伯纳与医生争论，或表示不满、失望，将会和医生处于对立的局面。而对立的结果，会给双方带来难堪，也会影响双方合作和治疗效果。但是，萧伯纳听了医生的介绍后，淡淡地一笑说：

"好呀。不过请告诉我，你们打算付给我多少手术试验费？"一个很棘手的问题，被萧伯纳处理得极其巧妙，避免了不愉快的争执。

如果说语言是心灵的桥梁，那么幽默便是桥上行驶最快的列车，它穿梭在此岸与彼岸之间，时而鲜明时而隐晦地表达着某种心意，并以最快捷的方式直抵人的心灵。如上述故事中，萧伯纳说："好呀。不过请告诉我，你们打算付给我多少手术试验费？"医生听后自然会明白萧伯纳在心里给他的答案。

有人说，幽默是人生活中的调味品。还有人说，幽默就是生活中的盐，有了它，生活本身有时也会变得趣味横生，具有神奇的魅力。

幽默可以使愁眉苦脸者笑逐颜开，也可以使泪水盈眶者破涕为笑；可以为懒惰者带来活力，也可以为勤奋者驱散疲惫；可以为孤僻者增添情趣，也可以使欢乐者更加愉悦。

生活中没有一个人不喜欢风趣幽默的语言。在中国的传统文艺晚会上，相声小品之所以一直成为最受欢迎的节目之一，就在于它的表现形式离不开幽默，那幽默的语言强烈地感染着观众的心，幽默的话能抓住听者的心，使观者愉悦，也可以使一些深刻的思想表达得更加生动和形象。

汉武帝晚年很希望自己能长生不老。一天他与一个侍臣闲聊："相书上说，一个人鼻子下面的'人中'越长，寿命就越长；'人中'长一寸，能活一百岁。不知是真是假？"

东方朔听了这话，知道皇上又在做长生不老之梦，脸上露出一丝讥讽的笑意。皇上见东方朔似有讥讽之意，喝道："你居然敢笑话我？"

东方朔毕恭毕敬地回答："我怎么敢笑话皇上呢？我是在笑

彭祖的脸太难看了。"

汉武帝问："你为什么笑彭祖呢?"

东方朔说："据说彭祖活了八百岁，如果真像皇上所说，'人中'长一寸就活一百岁，彭祖的'人中'就该有八寸长了，那么，他的脸岂不是太难看了吗?"

汉武帝听了，不禁哈哈大笑起来。

在这个故事里，东方朔以幽默的语言，用笑彭祖的办法来设劝皇帝。整个批驳机智含蓄，风趣诙谐，令怒不可遏的皇帝转怒为喜，并且愉快地认输。

这个小故事形象地说明了幽默的本质。由此，我们可以看出幽默具有一种特性，一种引发喜悦、以愉快的方式悦人的特性；幽默感是一种能力，一种了解并表达幽默的能力；幽默是一种艺术，一种运用幽默和幽默感来增进人们的关系的一种艺术。

有一次，美国329家大公司的行政主管人员，参加了一项幽默意见调查。结果表明：97%的企业主管相信，幽默在企业界具有相当的价值；60%的企业主管相信，幽默感决定着人的事业成功的程度。由此可见，幽默对于现代人的重要。

现代人需要幽默语言，如同鱼之于水、树木之于阳光，生活之于盐。具有幽默感和幽默力量，是现代人应具备的素质之一。

获取幽默语言的途径很多。首先，用"趣味思维方式"捕捉生活中的喜剧因素。"趣味思维"是一种"错位思维"，不按照普通人的思路想，而是"岔"到有趣的一面去。其次，要在瞬息构思上下功夫，掌握必要技巧。幽默风趣是一种"快语艺术"，它突破惯性思维，遵循反常原则，想得快，说得快，触景即发，涉事成趣，出人意料之外，又在情理之中。

如有位将军问一位战士："马克思是哪国人?"战士想了一会

儿说："法国人。"将军说："哦，马克思搬家了。"对于这常识性问题都答不出，将军当然不快，但这一"岔"，构成了幽默，其实也包含了对战士的批评教育。

再次，要注意灵活运用修辞手法。极度的夸张、反常的妙喻、含蓄的反语，以及对比、拟人、移就、拈连、对偶等都能构成幽默。

最后，要注意搜集素材。我们的生活丰富多彩，提供了许多有趣的素材，这些素材无意识地进入我们记忆仓库的也很多，如果我们做个"有心人"，就会使自己的语言材料丰富起来。

幽默让生命趣味盎然

人生不如意事十之八九，若总是唉声叹气，生活必然一片灰暗。如果换一种心态，调侃一下生活，也许就多一份阳光和光明，多一分希望和快乐。

具有幽默感的人，生活中充满了情趣，许多看来令人痛苦烦恼的事，他们却应付得轻松自如，从而使生命重新变得趣味盎然。

一天，喜剧演员卡洛·柏妮在餐厅里用餐。这时，一位老妇人走向她的餐桌，用手摸了摸卡洛的脸庞，然后说："对不起，我摸不出你有多好。"

"是的。"卡洛说，"我自己也觉得没有多好看。"

老妇人又仔细端详了一下卡洛的五官，说道："的确，是没有多好看。"

卡洛随即笑了起来，说："这样又摸又看的，好看的也变得不好看了。"

　　餐馆里的人不由都笑了起来。

　　卡洛的神色自若是来自心理上的平衡。如果我们想让自己的生命充满快乐，就要把恰当的幽默带到日常生活中去。

　　鲁迅也是一位幽默大师，一次与兄弟谈话时，侄子看到他们两人虽为兄弟，在面相上却有相当大的差异，于是好奇地问道："伯伯的鼻子怎么是扁的？"

　　鲁迅答道："是呀，我经常碰壁，时间久了，鼻子就给碰扁了。"

　　一句话逗得兄弟和侄子们哈哈大笑。

　　培养自己的幽默感，也就是培养自己的处世、生存和创造的能力。有较强生存能力的人，通常也是一个有影响力和感染力的人。我们在日常生活中也有这样的感受，与幽默的人相处会使你感到愉快，而与缺乏幽默感的人相处，则显得枯燥无味，甚至是一种负担。"酒逢知己千杯少，话不投机半句多"恰恰说明了这一点。

　　幽默不仅能使自己和他人心情愉快，也可以化解尴尬的场面，将警示作用穿插于愉快的气氛之中，更可以作为不露骨的自卫与反击。

　　伏尔泰很赞赏一个人的作品，而这个人却总是刻薄地批评伏尔泰。当别人向伏尔泰说出这件事时，他笑了笑说："看来是我们双方都弄错了。"

　　伏尔泰不过是用了短短的几个字，就轻松地摆脱了尴尬的局面，并做了有力的反击。

　　懂幽默的人懂得如何给生活添加佐料，受到不公平待遇也会泰然处之，即使心情郁闷，也能通过幽默的方式缓解情绪并带给他人快乐。这种人热爱生活，大智若愚，充满了人格魅力，现实生活中会得到众多朋友的喜爱，也使自己的生命总是趣味盎然。

幽默风趣的四大功能

我们每天都会与人多次交谈，不管是同事之间的寒暄，还是朋友之间的闲谈，抑或是家庭成员间的趣话。因此，充实交谈内容，增加交谈趣味，提高交谈质量是十分重要的。健康、高质量的幽默可以带给人以欢乐和深思，是提高交谈质量，融洽人际关系的重要手段，一个小小的幽默可以起到许多话语不能达到的作用。

1. 松弛气氛，缓解情绪

幽默可以使交谈的紧张、尴尬的气氛得以解除或缓解，让谈话氛围变得轻松愉快。

一个学生与同学打架后被老师叫到办公室。孩子还未消气，情绪很激动，又因不知道老师将如何处置他而显得十分紧张。

但是，当他一进办公室门，老师就指着他的满身泥土说："瞧，都成了个小土地爷了！"

孩子听到老师的话后，不禁笑了，紧张的情绪顿时轻松了下来，于是老师的批评、教育，他都能句句入耳了。

里根在为连任美国总统而与竞选对手蒙代尔进行电视辩论时，记者特里惠特问："总统先生……你已经是历史上最年老的总统了，你的一些助手说，在最近几次与蒙代尔的交锋中，你感到力不从心。我记得，在古巴导弹危机的关键时刻，肯尼迪总统可以连续几天不合眼。你难道不怀疑自己的能力吗？"

面对这样挑战性的提问，里根笑了笑答道："在这次竞选中，我不想把年龄问题作为争论点，更不打算为了政治目的而去揭露对手的年幼无知。"

语音刚落，大厅里爆发出一阵笑声，接着是暴风雨般的掌声。

2. 取得主动，有力回击

在交谈和谈判中，我们难免会与对方的观点存在分歧，这时候，就可以运用幽默取得主动，或击败对方。

晏子出使楚国时，楚王故意安排人押上一个囚犯，说是齐国人，并讥讽道："贵国人惯于做盗贼吗？"

晏子说："橘生长于淮南为橘，生长于淮北为枳。其原因是水土不同。齐国人在齐国不为盗，到楚国后，就当了强盗，这是楚国的风气造成的吧！"

第二次世界大战期间，由于众多犹太人都逃到瑞士避难，而德国军队不能进入瑞士，这令德国边界的指挥官感到很恼火。

一天，德国指挥官命人把一个包装得非常漂亮的礼盒送过边界，呈给瑞士指挥官。指挥官打开礼盒，里面装的居然是一大堆马粪。

第二天，德国指挥官也收到了来自瑞士的礼盒，打开一看，里面装的是一块上好的瑞士奶酪。另外，盒中还附着一张纸条，上面写着："遵照贵国的习俗，我们也恭奉上敝国最好的产品。"

3. 沟通感情，融洽关系

我们与陌生人进行沟通时，要想在最短的时间内，使对方解除戒备之心，与你坦诚相处，就可以利用幽默的技巧来缩短人与人之间的距离。

有一天夜里，一位军官和十几名士兵一起挤在一户农家的窑洞里借宿休息。

由于地方小，房东大嫂一再不安地说："这窑洞太小了，地方太小了，对不住长官了。"

那位军官便依着大嫂说话的节律答道："我们队伍的人太多了，马太多了，对不住大嫂了。"一句话说得大嫂和同志们都哈哈大笑起来。瞬间消除了房东大嫂的顾虑，也拉近了彼此间的距离。

4. 批评揭露，申述观点

人际交往中，有时为了统一思想、澄清认识，或批判错误、揭露谬论，也必须借助幽默语言。这样既不显得太过直白，容易让人接受，也不失力度。

一次，林语堂应邀出席某校的毕业典礼。典礼上发言的人一个个口若悬河，滔滔不绝。轮到他发言已经十一点半了。他站起来说："女士们，先生们，绅士的讲话，应该是像女人的裙子，越短越好。"

一位妻子在料理家务方面非常粗心，丈夫对此很不满意。一天晚饭后，丈夫问妻子："晚上准备做什么？"

"看电视呀，这几天的电视很好看。"妻子答道。

"看完电视呢？"丈夫接着问。

"把剩下的一点小说看完，我想尽快写一篇感想。"

丈夫又问："那么，等你把这些事办完后，帮我办点事好吗？"

"什么事？"

"找一双不带窟窿的袜子和一件不缺纽扣的衬衫。"丈夫说。

妻子一听笑了，在以后的日子里，妻子对于自己的缺点改进了不少。

总之，在人际交往中，幽默口才具有巨大功能。它既可以弥补人际间的思想鸿沟，联结人与人之间的感情世界，增进人际间的信任，也可以让生活摆脱枯燥，使问题轻松解决，让人生变得充满乐趣。

幽默的谈吐并不是天生的

俄国著名寓言作家克雷洛夫生活穷困，租了一间房子，房东要他在房契上写明，一旦失火，烧了房子，他就要赔偿 15000 卢布。克雷洛夫看了租约，不动声色地在 15000 后面加了一个零。房东高兴坏了："什么，15 万卢布？""是啊。反正一样是赔不起。"克雷洛夫说完大笑起来。

幽默有时让人感到神秘。有人想学，却无法学会；有人没怎么学，却脱口而出。那幽默是不是与生俱来、天赋而生的呢？其实，幽默是人的独特性情气质，是人的本能，是人的一种生活心态。

我们在对一些具有幽默感的人进行研究之后发现，幽默也确有某种遗传基因存在。如我国著名相声表演艺术大师侯宝林和他的两个儿子，著名喜剧表演艺术家陈强和他的儿子陈佩斯，都具有幽默的天赋。但仔细推究起来，我们也不难发现其中的牵强之处，因为我们也可从他们的例子中看出环境和培养的力量的影响作用，如果再把世界上众所周知的幽默大师稍微研究一下，这种理论就更站不住脚了。因此，幽默并不神秘，而且对所有人来说，后天培养至关重要。

对幽默的学习，首先从含蓄开始。幽默应该引人发笑，但高级的幽默又可以让人回味。幽默是言近旨远。这里还是一个萧伯纳的故事。有一个朋友邀请萧伯纳赴宴，想让萧伯纳给他弹钢琴的女儿美言几句，好借此名扬天下。萧伯纳一到朋友家，女孩就迫不及待地弹了起来。弹了半天，萧伯纳一言不发，女孩只好先开口说话："我没有妨碍到您吧？"萧伯纳若无其事地说："没关系，你弹好了。"萧伯纳的话幽默、简约、含蓄，有弦外之音，非得经过琢磨才好领会他的意思。

幽默要有创意，是形象思维，因而联想和想象是不能缺少的。不但要研究幽默名家的作品和来自民间的幽默精品，而且要广泛地了解各种艺术形式，增强自己的艺术敏感，训练自己由此及彼、由表及里地在各个意象间构建想象的能力。

当然法无定规，幽默没有现成的模式可以遵循。我们面对的是变动不息的人群，所以幽默也只能因人因事而异，才能达到效果。

幽默应当简约而不失分寸

马克·吐温同朋友一起去参加道奇夫人的家宴。宴会上人很多，马克·吐温不愿大吼一声破坏气氛，便想了个办法，开始给邻座的一位太太讲故事，故意把声音放得很低，以吸引别人来听。大家不知道他在做什么，十分好奇，结果一个个地停止了说话，很快会场就静下来了。

马克·吐温采用的这种幽默的方法毫不费力地达到了自己想要的效果，比说一长串吸引大家注意力的话自然强出百倍。

当然，幽默也不能过度。许多时候，还可能要用自嘲来解围，但不要嘲笑他人。幽默语言尤其要精练，不能用太多的琐碎的词语，要删繁就简、点到为止，以免影响理解和欣赏效果。

因此，真正的幽默是诙谐而不失度，滑稽而不粗俗，精练而不烦冗，简约而又得当的。

许多善于使用幽默的人，他们把窘迫的情境恢复原状，往往是易如反掌，这实在令人羡慕。例如有个议员发表演讲，在大家都侧耳倾听时，突然座中有一个听众的椅子腿折断了，那人跌了一跤。在这种场合，这种情况一旦出现，往往会分散听众的注意力，而降低演讲的效果。这时，议员马上急中生智，想出一个办法来挽回这种颓势，他紧接着椅子腿的折断声，大声说："诸位，现在都相信我说的理由足以压倒一切异议声了吧？"话音刚落，底下响起一阵笑声，接着就是热烈的掌声。同样，有一次，戈尔巴乔夫为了准时赶到会场，要求司机开快车。司机既担心他的安全，又怕违章，只好婉言谢绝。戈尔巴乔夫急了，命令司机与他调换位置，然后亲自驱车，疾驰如飞，片刻，车被交警拦住。警官命令警士将违章者扣留。警士到车前查询了一下，然后向警官汇报说：

"坐车的是一位要人，不好查办。"

警官很不满意地问："那人是谁？"

"我说不准，警官同志，不过，戈尔巴乔夫总统是他的司机。"警士面露难色地说。

我们在人际交往中，轻松幽默地开个得体的玩笑，可以松弛神经，活跃气氛，营造出一个适于交际的轻松愉快的氛围，因而诙谐的人常常受到人们的欢迎与喜爱。

但是，玩笑开得不好，幽默过了头则会适得其反，伤害感情，因此开玩笑要掌握好分寸，幽默要遵循得体原则。

1. 内容高雅

幽默的内容取决于幽默者的思想情趣与文化修养。幽默内容粗俗或者不雅，虽有时也能博人一笑，但过后就会变得乏味。而内容健康、格调高雅的玩笑所产生的幽默，不仅能给对方启迪和精神享受，而且也是对自己美好形象的有力塑造。

钢琴家波奇一次演奏时，发现全场有一半座位空着，他对听众说："朋友们，我发现这个城市的人们都很有钱，我看到你们每个人都买了两三个座位的票。"于是这半屋子听众放声大笑。

2. 态度友善

对人友善是做人的一个原则，也是幽默的一个标准。一般来讲，幽默的过程，是感情互相交流传递的过程，如果借着开玩笑对别人冷嘲热讽，发泄内心厌恶、不满的情绪，那么这种玩笑就无法称得上幽默。

也许有些人不如你口齿伶俐，表面上你占到上风，但别人会认为你不能尊重他人，从而不愿与你交往。

3. 区别对象

生活中每个人的身份、性格、心情不同，对玩笑的承受能力也不同。同样一个玩笑，能对甲开，不一定能对乙开，能对乙开，也不一定能对甲开。一般来说，晚辈不宜同前辈开玩笑；下级不宜同上级开玩笑；男性不宜同女性开玩笑。在同辈人之间开玩笑，则要掌握对方的性格特征与情绪信息。对方性格外向，能宽容忍耐，玩笑稍微过大也能得到谅解。对方性格内向，喜欢琢磨言外之意，开玩笑就应慎重。对方尽管平时生性开朗，假如恰好碰上不愉快或伤心之事，就不能随便与之开玩笑。相反，对方性格内向，但正好喜事临门，此时与他开个玩笑，幽默的氛围会一下突现出来，效果也会出乎意料的好。

4. 分清场合

美国总统里根一次在国会开会前，为了试试麦克风是否好使，张口便说："先生们请注意，五分钟之后，我们将对苏联进行轰炸。"一语既出众皆哗然。里根在不恰当的场合、时间里，开了一个极为荒唐的玩笑。为此，苏联政府提出了强烈抗议。

　　总的来说，幽默要注意场合，在庄重严肃的场合不宜开玩笑。

第四章
分寸的必要性：话说得恰到好处更受欢迎

谈话时要掌握分寸，避免任何可能伤害别人的成分。即使对方确有缺点也不可抓住不放，喋喋不休，礼貌的做法只能是委婉批评，适可而止；即使对方身上有值得赞美的地方也要赞美得恰到好处，否则有虚情假意的嫌疑。

怎样说话才算有分寸

说话要有分寸，分寸拿捏得好，很普通的一句话，也会平添几许分量，话少又精到，给人感觉深思熟虑。而说话的分寸决定与你谈话的对象、话题和语境等诸多因素的需要。换句话说，要言之有度。

有度的另一面则是"失度"，什么叫作"失度"呢？一般说来，对人出言不逊，或当着众人之面揭人短处，或该说的没说，不该说的却都说了。这些都是"失度"的表现。下面我们就简要介绍一些在谈话中禁忌的话题，接触这些话题容易导致谈话"失度"，产生不良效果。

（1）随意询问健康状况。向初次见面或者还不相熟的人询问健康状况，会让人觉得你很唐突，当然如果是和十分亲密的人交谈，这种情况不在此列。

（2）谈论有争议性的话题。除非很清楚对方立场，否则应避免谈到具有争论性的敏感话题，如宗教、政治、党派等易引起双方对立的话题。

（3）谈话涉及他人的隐私。涉及别人隐私的话题不要轻易接触，这里包括年龄、东西的价钱、薪酬等，容易引起他人反感。

（4）个人的不幸。不要和同事提起他所遭受的伤害，例如离婚或是家人去世等。当然，若是对方主动提起，则要表现出同情并听他诉说，但不要为了满足自己的好奇心而追问不休。

（5）讲一些不同品位的故事。一些笑话，应注意场合和对象，以免引起他人的尴尬和反感。

在人际交往中，谈话要有分寸，认清自己的身份，适当考虑措辞。哪些话该说，哪些话不该说，应该怎样说才能获得更好的交谈效果，是谈话应注意的。

同时还要注意讲话尽量客观，实事求是，不夸大其词，不断章取义。讲话尽量真诚，要有善意，尽量不说刻薄、挖苦别人的话，不说刺激、伤害别人的话。

赞美也要有尺度

世间没有绝对的对错好坏，凡事能够把握分寸，就是一种智慧。在夸赞别人这个问题上同样存在分寸拿捏不同，后果也不同的现象。如果赞美得当，那就是一种美德，但是不得当的赞美成为阿谀，难免遭人轻视。把握赞美的分寸十分重要。赞美能赢得友谊。赞美如花香，芬芳而宜人，能以赞美之言予人者，必得人缘，所以与人相处，最重要的就是赞美。尤其当一个人灰心的时候，一句鼓励的话，能令他绝处逢生；当别人失望的时候，一句赞美的话，能使他重拾信心。要想获得友谊，诚心地赞美别人，必定能如愿。

莎士比亚说过："我们得到的赞扬就是我们的工薪。"从这个意义上说，每个人都是别人"工薪"的支付者。你也应该慷慨地把这种"工薪"支付给你的朋友。我们平时听到的最多的牢骚是什么？不是"太累了"或"太苦了"，而是"干了这么多，谁也没有说个好字"。这类似的牢骚很能说明一个问题，即人们需要得到"工薪"，而应付"工薪"的人又太吝啬了。有人说，赞扬是一笔投资，只需片刻的思索就能得到意想不到的报酬。这话有些道理，但似乎又含有太多的实用主义的味道。赞扬不应该仅仅为了报酬，它还是沟通情感、表示理解的方式，如同微笑一样，也是照在人们心灵上的阳光。

马克·吐温说："靠一句美好的赞扬我们能活上两个月。"这里所说的赞美，是指诚心诚意、真真实实的赞美，而不是虚伪的应酬话，也不是言不由衷的阿谀之辞。

阿谀会遭人轻视。做人要"日行一善"，其实日行一善并不难，赞美别人也是一善。但赞美不同于阿谀，阿谀是一种虚伪的奉承，所谓"好阿谀则是非之心起"，所以做人宁容谏诤之友，勿交阿谀之人，被人批评不可怕，受人阿谀才可畏。有的人赞美不当，成了逢迎拍马、阿谀奉承，也会受人轻视，因此做人不要阿谀谄媚，也要避免不当的赞美。

赞美和阿谀最大的区别在于出发点的不同。赞美一般是符合客观实际情况的，而阿谀往往是夸大其词。在日常交际中，要多一些真心诚意的赞美，少一些阿谀，这样最终会给你带来好名声。

怎么才能说好奉承的话

1671 年 5 月，伦敦发生了一起举世震惊的盗窃案，一伙盗贼潜入伦敦市郊马丁塔，想要抢走英国的"镇国之宝"——国王皇冠。因消息走漏，盗贼被擒。英王查理二世得知此事，非常震惊，决定亲自审问这些胆大包天的狂妄之徒。于是，罪大恶极的首犯布勒特被押到了国王面前。查理二世看着眼前这位其貌不扬的人，心中暗想：我倒要看看此人究竟有何能耐，居然敢盗国宝，想到这里，便开口问道："听说你还有男爵的头衔？""是的，陛下。"布勒特老实地回答。"我还听说你这个头衔是诱杀了一个叫艾默思的人而得来的。""陛下，我只是想看看他是否配得上您赐给他的那个高位，要是他轻而易举地被我打发掉，陛下就能挑选一个更适合的人来接替他。"查理二世沉思了一会儿，觉得布勒特不仅胆大包天而且口齿伶俐。于是又厉声问道："你胆子越来越大，竟然敢来盗我的王冠？""我知道我这个举动太狂妄了，但是，陛下，我只是想以此来提醒您关心一下我这个生活无依无靠的老兵。""哦？什么？你并不是我的部下。""陛下，我从来不曾对抗过您，现在天下太平，所有的臣民不都是您的部下？我当然也是您的部下。"说到这里，查理二世觉得布勒特更像是个无赖，"那你说吧，该怎么处理你？""从法律的角度说，我们应当被处死。但是，我们五个人每一位至少会有两位亲属为此而落泪。从陛下您的角度看，多十个人赞美总比多十个人落泪好得多。"查理二世没有想到他会如此回答，接着又问："传说中你是个劫富济贫的英雄，你觉得自己是个勇士还是懦夫？""陛下，我没有一个地方可以安身，到处有人抓我，去年我在家乡搞了一次假出殡，希望大家以为我死了而不再追捕我，这不是一个勇士的行为。因此，尽管在别人面前我是个勇士，但在陛下的权威面前我是个懦夫。"这番强词夺理的辩解竟然让查理二世大悦，最后竟赦免了布勒特。人总是喜欢别人奉承的。有时，即使明知对方讲的是奉承话，心中还是免不了会沾沾自喜，这是人性的弱点。一个人受到别人夸赞，绝不会觉得厌恶，除非对方说得太离谱了。

　　当一个人听到别人的奉承话时，心中总是非常高兴，脸上堆满笑容，口里连说："哪里，我没那么好，你真是很会讲话。"即使事后冷静地回想，明知对方所讲的是奉承话，却还是抹不去心中的那份喜悦。因此，说奉承话是与人交际所必备的技巧，奉承话说得得体，会使你更讨人喜欢。奉承别人首要的条件，是要有一份诚挚认真的态度。言辞会反映一个人的心理，因而有口无心，或是轻率的说话态度，很容易让对方产生不快之感。奉承别人时也不可讲出与事实相差十万八千里的话。例如，你看到一位表情呆滞的孩子，却对他的母亲说："你的小孩看起来很聪明。"对方的感受会如何呢？本来是奉承话，却变成很大的讽刺，收到了相反的效果。若你说："哦。你的小孩子好像很健康。"效果就会好些。所以，奉承别人要坦诚，这样，你所说的奉承话，才会成为真正夸赞别人的话，对方听在耳中，感受自然和听一般奉承话不同。

过度客气并不讨喜

把握说话的火候，主要就是把握说话的分寸。说话的分寸把握，我们在上文中已经讲了不少，现在着重讲一下在社交场上，如何在自己的上司面前说话。这是人际关系中一门重要的学问，但如果我们能很好地把握好与上司说话的火候，前程与事业上的一些难题，自然会迎刃而解。

生活中，我们有时在领导面前说错了话，虽不至于掉脑袋，但后果却也会很糟糕。

俗话说，伴君如伴虎。上司毕竟不像一般同事。何况一般同事之间也应该注意分寸，说话不能太无所顾忌。与领导相处，就更应该注意，平时说话交谈、汇报情况时，都要多加注意。特别是一些让领导不快的话，就更要小心把握。如：

"不行吗？没关系。"这话是对领导的不尊重，缺少敬意。退一步来讲，也是说话不讲方式方法，说了不该说的话。

"无所谓，都行。"这句话会让领导认为你感情冷漠，不懂礼节。

"您不清楚。"这句话就是对熟悉的朋友也会造成很大的伤害，对领导说这样的话，后果更加严重。

"有劳了。"这句话本来应该是上级对下级表示慰问或犒劳时说的，下级对上级说则不合适。不小心说错了话如何补救呢？在领导面前说错了话，一旦反应过来，要立即就此打住，马上道歉。不要因害怕而回避，应面对事实，尽量避免伤害对方的人格和面子，必要时可以再进行说明，而不必要的辩解只会越描越黑。

不经意地说："太晚了。"这句话的意思是嫌领导动作太慢，以至于快要误事了。在领导听来，肯定有"干吗不早点"的责备意味。

"这事不好办。"领导分配工作任务下来，而下级却说"不好办"，这样直接地让领导下不了台，一方面说明自己在推卸责任，另一方面也显得领导没远见，让领导没有面子。

"您真让我感动。"其实，"感动"一词是领导对下级的用法，例如说："你们工作认真负责不怕吃苦，我很感动。"而晚辈对长辈或下级对上级用"感动"一词，就不太恰当了。尊重领导，应该说"佩服"。例如："经理，我们都很佩服您的果断。"这样才算比较恰当。

另外，过度客气有时反而会招致误解。和领导说话应该小心谨慎，顾全大体。但顾虑过多则适得其反，容易遭受误解。

所以应该善于妥善处理，以平常心去应付，习惯成自然，对这类情况就可以应付自如了。如果想克服胆小怕事的心态，有时越是谨慎小心，反而越容易出错，而一旦被上司误认为没有魄力，自然就得不到重用。

恰当的称呼很重要

称呼是指人们在正常交往应酬中，彼此所采用的称谓语。在日常生活中，称呼应当亲切、准确、合乎常规。正确恰当的称呼，体现了对对方的尊敬或与对方的亲密程度，也反映了自身的文化素质。

在社交中，人们对称呼是否恰当十分敏感。尤其是初次交往，称呼往往影响交际的效果。有时因称呼不当会使交际双方发生感情上的障碍。不同年龄、不同国家、不同地区、不同社会集团之间都有不同的称呼。

有时候，称呼别人不是为了满足自己，而是为了满足别人。遇到一位朋友，最近被提升了主任。当时就应先跟他打招呼："×主任，真想不到能在这儿见到你。"如果他听到你跟他这样打招呼，就会显得格外高兴，忙跑过来和你并肩坐。虽然平时他是个不大健谈的人，但那天却会显得很健谈。

瑞典国王卡尔·哥史塔福访问旧金山，一位记者问国王希望自己怎么被称呼。他答道："你可以称呼我为国王陛下。"这是一个简单明了的回答。

称呼不仅仅是一种礼貌，不论我们如何称呼人，这其中最主要的是要传达这样的意思："你很重要""你很好""我对你很重视"。

使用称呼还要注意主次关系及年龄特点。如果对多人称呼，应以先长后幼、先上后下、先疏后亲的顺序为宜。如在宴请宾客时，一般以先董事长及夫人，后随员的顺序为宜。在一般接待中要按女士们、先生们、朋友们的顺序称呼。使用称呼时还要考虑心理因素。如有的 30 多岁的人还没有结婚，就称为"老张、老李"，会引起他的不快。对没有结婚的女人称"太太、夫人"，她一定很反感，但对已婚的年轻女性称"小姐"，她一定会很高兴。

此外，称呼应该根据社会习惯来进行，例如称呼一般分为职务称：姓名称、职业称、一般称、代词称、年龄称。职务称：经理、科长、董事长、医生、律师、法官、教授等；姓名称：一般以姓或姓名加"同志、先生、女士、小姐"等；职业称：是以职业为特征的称呼，如上尉同志、秘书小姐、服务小姐等；一般称：太太、女士、小姐、先生、同志、师傅等；代词称：用代词"您""你们"等来代替其他称呼；年龄称：主要是以亲属名词"大爷、大妈、伯伯、叔叔、阿姨"等相称；对工人：比自己年龄长的可称"老师傅"，与自己同龄或小于自己的人可称"同志、小同志、师傅、小师傅"；对农民：比自己年长的可称"大伯、大娘、大妈"，与自己同龄或小于自己的人可称"同志"，在北方也可称"大哥、大姐、老弟、小妹"等；对经济界人士：可用"先生、女士、小姐"等相称，也可用职务相称，如"董事长、经理、主任、科长"等；对知识界：可以用职业相称，如教授、老师、医生（大夫），还可以用"先生、女士、太太"等相称；对文艺体育界：可用职务称，如"团长、导演、教练、老师"等，对于一般的演职员、运动员，就不能称"××演员"或"××运动员"，而要称呼

"××先生"或"××小姐"。

最后对自己的亲属，一般应按约定俗成的称谓称呼，但有时为了表示亲切，不必拘泥于标准的称谓。但对外人称呼自己的亲属，要用谦称。称自己长辈和年龄大于自己的亲属，可加"家"字，如"家父""家母""家兄"等。称辈分低的或年龄小于自己的亲属，可加"舍"字，如"舍弟""舍妹""舍侄"等。至于称自己的子女，可称"小儿""小女"等。

恰当的称呼是人际关系的关键，正所谓"各就其位，再行言谈"。方能事半功倍。

给对方一个"台阶"下

在交际过程中，难免会遇到一些尴尬的事情，让气氛骤然紧张、难堪，学会给对方一个"台阶"下，不仅缓和了对方的紧张心理，让事情得以顺利发展，而且还会让彼此的关系得到进一步的增进。要达到这样的目的，我们不妨学习使用以下的三种技巧。

1. 变换谈话的气氛

在一个严肃的场合，在场者常常会被一两件突发事件搞得哄堂大笑，这严重破坏了严肃场合的庄重气氛，不利于活动的继续推进。面对这类突发事件，我们应当表现出较强的自制能力，尽量不受其影响，以正常状态下的严肃态度来应付此事，使之成为正常环节中的普通一环。

第二次世界大战期间，一位德高望重的英国将军举办一次祝捷酒会。除上层人士之外，将军还特意邀请了一批作战勇敢的士兵，酒会热烈隆重。没料想一位从乡下入伍的士兵不懂规矩，捧着面前的一碗供洗手用的水喝了，顿时引来达官贵人、夫人小姐的一片讥笑声。那位士兵一下子面红耳赤，无地自容。此时，将军慢慢地站起来，端着自己面前的那碗洗手水，面向全场贵宾，充满激情地说道："我提议，为我们这些英勇杀敌、拼死为国的士兵们干了这一碗。"言罢，一饮而尽，全场为之肃然，过了不一会儿，人人均仰脖而干。此时，士兵们已是泪流满面。

2. 变换话题的角度

在许多情况下，面对尴尬下不来台是因为思维框定在正常的状态之中，这对事态的发展毫无作用。如果我们换一种角度对其尴尬的举动做出巧妙、新颖的解释，便可使原本的消极举动具有了另外的内涵和价值，成为符合常理的行动。

有一次全校语文老师来听王老师讲课，校长也光临"指导"，这下可使小王犯难了。他既怕课讲得不好，又担心有的学生回答时成绩不佳，有失面子。课上，他重点讲解了词的感情色彩问题。在提问了两位同学取得良好效果后，接着提问校长公子："请你说出一个形容×××的美丽的词或句子。"

或许是课堂气氛紧张，或许是严父在场，也可能兼而有之，这位公子一时为难，只是站着。

空气凝固。王老师和校长都现出了尴尬的脸色。很快，这位老师便恢复正常，随机应变地讲道："好，请你坐下，同学们，这全同学的答案是最完美的，他的意思是这个人的美丽是无法用文字和语言来形容的。"

听课者都发出了会心的微笑。

3. 变换对方的处境

突然间发现别人的失误或错误行为，但当这些失误或错误行为不会导致重大的损失出现时，我们应尽量克制自己的情绪，以平静如常的表情和态度装作不解对方举动的实际意图和现实后果，并且给对方找到一个善意的动机，变换对方的处境，让事态的发展朝自己所希望的方向推进，以免把对方逼到窘迫的境地。

一天中午，汪老师路过学校后操场时，发现前两天帮助搬运实验器材的几位同学正拿着一枚实验室特有的凸透镜在阳光下做"聚焦"实验。他想：他们哪来的透镜？难道是在搬运时趁人不备拿了一枚？实验室正丢了一枚。是上去问个究竟，还是视而不见绕道而去？这时，一位同学发现了他，其余的慌忙站了起来，手拿透镜的同学显得很不自在。汪老师从同学们慌张的神情中可以进一步判断这透镜的来历。汪老师快速地构思，终于想出一条处理办法，他笑着说："哟，这枚透镜原来被你们找到了。"凝固的空气开始流通起来。接着他用略带感激的语调补充道："昨天我到实验室准备实验器材，发现少了一枚透镜，以为是搬运过程中丢失了，沿途找了好几遍都未能找到，谢谢你们帮我找到了这枚透镜。这样吧，你们继续做实验，下午还给我也不迟。"同学们轻松地点了点头，空气依旧是那么温暖，那么清新。

开玩笑不能伤人自尊

几个好朋友聚在一起时，大家开开玩笑，相互取乐，说话不受拘束，原是一件让人高兴的事。不过凡事有利也有弊，乐极生悲，因开玩笑而使朋友不快的事情也常常发生。因此，有的人认为谈话时开玩笑应该避免，这是大可不必的。如果在好朋友见面连开玩笑的话也不许说，那么生活也未免太乏味了。所以，生活中我们真正要注意的开玩笑的方法，即不开过头的玩笑。

那么，开玩笑之前，先要注意所面对的对象是否能受得起玩笑。一般来讲人可分为三类：第一种，狡黠聪明。第二种人，敦厚诚实。第三种，则介乎两者之间。对第一种人，即狡黠聪明的人开玩笑，他是不会让你占便宜的，结果是旗鼓相当，不分高下。第二种，敦厚诚实者，则无还击之计，亦无抵抗之力，这种人喜欢和大家一齐笑，任你把他取笑，他脾气绝好，不会动怒。唯有介乎两者之间的那种人，最应认真对待。这种人大概也爱和别人笑在一起，但一经别人取笑时，既无立刻还击的聪明机智，又无接纳别人玩笑的度量，如果是男的则变为恼羞成怒、反目不悦，如果是女的就独自痛哭一场，说是受人欺侮。所以开玩笑之前，要先认清对方，最为安全。其次，要适可而止。开玩笑，一两句说过便完了，不要老是开一个人的玩笑，也不要连续开好几个人的玩笑，不然你必招来非议。

开玩笑本来是一种调解谈话气氛的良好方式，但使对方太难堪了，亦非开玩笑之道。同学考试不及格，朋友怕老婆，亲戚做生意上了当而蚀本，同伴在走路时跌了跤……这些都是需要同情的事件，你却拿来取笑，不仅使对方难下台，且表现出你的冷酷。同样，不可拿别人生理上的缺陷来做开玩笑的资料，如斜眼、麻面、跛足、驼背，等等。别人不幸的，应该给予同情才是。如果在谈话的人中，有一位在生理上有缺陷，那么最要避免易使人联想到缺陷方面去的笑话。

例如：有一天，几个同事在办公室聊天，其中有一位李小姐提起她昨天配了一副眼镜，于是拿出来让大家看看她戴眼镜好看不好看。大家不愿扫她的兴都说很不错。这时，同事老王因此事想起一个笑话，便立刻说出来：有一个老小姐走进皮鞋店，试穿了好几双鞋子，当鞋店老板蹲下来替她量脚的尺寸时，这位老小姐是个近视眼，看到店老板光秃的头，以为是她自己的膝盖露出来了，连忙用裙子将它盖住，立刻她听到了声闷叫。"混蛋。"店老板叫道，"保险丝又断了。"

接着是一片哄笑声，谁知事后竟从未见到李小姐戴过眼镜，而且碰到老王再也不和他打一声招呼。

其中的原因不说自明。说者无心，听者有意，在老王来想，他只联想起一则近视眼的笑话。然而，李小姐则可能这样想：别人笑我戴眼镜不要紧，还影射我是个老小姐。

所以，说笑话要先看看对哪些人说，先想想会不会引起别人的误会。像上例老王严重地伤了一个人的自尊，却是他始料不及的。

第五章
求职时如何让自己的发言站得住脚

> 求职过程，无非是将自己推销给面试官的过程。从面试前的准备、妆容举止、自我介绍，到能力展现，都决定着面试的成败，而求职过程中你与面试官之间的对话则是重中之重，那么该怎么说才能让面试官觉得你可以胜任这份工作呢？

如何才能抓住面试机会

抓住面试的机会是面试成功的关键，其重要性不言而喻，为此我们从以下 15 个方面着手准备。

（1）穿与你谋求的工作相适应的衣服，这样就让人产生你适合于这一工作的印象，如果没条件做到，那也应该衣装整洁得体。

（2）准时，最好提早几分钟。迟到会给人留下不守时或者对这份工作不重视的印象。

（3）如果还没有填好有关表格，一定要抓紧时间提前填好，字迹要清晰端正，不要有错别字，并想想如何回答有关问题。

（4）握手要稳重有力，但不要捏痛对方。如果约见者走出办公室见你，你该站起来，握手，然后拿起自己的东西立刻跟随其后，且脚步声不宜过重。

（5）进办公室后，坐姿端正，给对方一种你很注意姿态的印象。不要靠在桌子上或者躺在椅子上，把腿伸得太远。不要双臂叉胸而坐。坐着时别弯腰，姿态保持端正。

（6）说话要吸引对方的注意。眼睛不可望着别处，更不可话音含含糊糊就像在喃喃自语，否则会给人你想隐瞒什么的印象。务必声音清晰，直截了当。

（7）陈述你的专长时要直爽。不必过于自谦，但也不要带有自夸的语气。不管你对自己受过的教育感到骄傲还是自卑，都用平静的声音直述，并多强调你愿意多学，多努力。

（8）面带微笑。无论遇到怎样的情况，都要给人以友好的笑脸，这是征服对方的有力武器。

（9）别故意装老练。不要想用说笑话来化解紧张，这会使对方反感。称对方为先生或女士，不要直呼其名。

（10）如果你能表达出对某项特殊工作的兴趣最好，并指出为什么自己特别适合这项工作。比如，应聘办事员或者秘书，就要强调自己的办事能力，能熟练操作办公软件、会打字，文字功底较好等。

（11）要热情饱满，但是不要天马行空乱谈一气。仔细听取提问、集中精力回答，否则，别人会认为你不能专心致志，或者缺乏听话技巧。

（12）如有必要，向对方介绍自己以前的工作经验，特别是讲述自己从中学到了什么，包括社交能力、销售技巧和理财能力等。

（13）及时把工作经历、成功案例等面试前准备好的材料呈给对方，必要的时候可以进行一些解释。

（14）不要一开始就谈论报酬，而是当对方提出时才提出自己的要求。如果对方已答应录用但是又没有提到工资，可以问自己这份工作的报酬。

（15）约见结束时，不要忘记与对方握手并表示感谢。回来后立即写信表示感谢，并着重指出自己对这份工作和该公司很感兴趣。如果两个星期后还没有得到答复，可打电话询问是否已经录取他人，或者自己还在对方的考虑之中。如果这份工作已录用了别人，就请对方留意自己，以后有机会时再联系。

怎么说才能出奇制胜

当前就业市场的竞争十分激烈，除了少数特别急需、紧缺的人才外，如果还采用大众化的求职方法，就很难获胜。以下办法不同一般，有时能出奇制胜。

1. 以柔克刚

求职，谁都想一次成功，但在大多数情况下并不能如此，因此，求职者就应有不怕失败的忍性。

松下电器创始人松下幸之助，年少时去一家大型电器厂求职，请求安排一个条件最差、工资最低的工作给他。人事部主管见他个头瘦小又很脏，不便直说，随便找了个推托的理由：

"现在不缺人，过一个月再来看看。"

一个月后，松下真的来了。人事部主管又推托有事，没空见他。

过了几天，松下又来了。如此反复多次，人事部负责人说："你这样脏兮兮的是进不了我们厂的。"于是松下回去借钱买了衣服，穿戴整齐地来了。对方没办法，便告诉松下：

"关于电器的知识你知道得太少，不能收。"

两个月后，松下又来了。

"我已学了不少电器方面的知识，您看哪个方面还有差距，我一项项来弥补。"松下说。人事部主管看了他半天才说："我干这项工作几十年了，今天头一次见到你这样来找工作的，真佩服你的耐心和忍性。"

松下终于打动了人事主管，如愿以偿地进了工厂，并经过不懈努力，成为日本国的经营之神。

2. 分步到位

长者在用自己的成功经验勉励后辈："如果今日能找到工作，先不要斤斤计较薪水高低，或者与以前的工作是否相差很远，因为你要先取得这个机会，然后多学点知识，充实自己，机会再来时，你便可以取得一个更好的职位。"

有着大专文凭和财务工作经验的小金，满以为在深圳可以找到一份公务员的工作或到大型企业去做一个会计。没想到整整一个多月的时间里，她踏遍了深圳、东莞也没能如愿。后来，她获得了一家韩国电子厂招清洁工的信息，便果断地放弃了原来的打算，去争得了这份工作。一幢 7 层的大楼，要把每一个角落都清扫得清清爽爽的，得头不抬、腰不直地做 10 来个小时才能完成，待遇却不高，不包吃住，月工资才 600 元。可是，小金一点也不轻视这份工作，每天抹布、拖把不离手，把大楼的每一个地方都擦得镜子似的干净。一天，总经理视察，注意到了她认真负责的态度，赞扬了她，她便趁机表述了自己以前的工作经历和心愿。后来，她成了这家公司的财务总监。

3. 直言相告

通常情况下，求职应试总是要说恭维话，以引起对方的好感而达到谋职的目的。但一味说好话也未必能打动人，有时发现对方有错误，直言相告，指出对方不足之处，且令对方口服心服，常常也能达到求职的目的。

南京大学天文学系一名女毕业生在参加宝洁公司主考官最后一轮面试时，大胆指出宝洁公司的不足并列举国外的事例加以佐证，使对方不得不折服，结果她被首先选中。

这位大学生之所以能胜过别的求职者，不仅是因为恰当地运用了说话的技巧，由"贴金"转变为说不足，而且表明：第一，已经在关心、研究该单位，并投身于该单位未来发展之路的探索了；第二，想到这个单位来态度是认真的，目标是专一的，而不是抱着"进得了再说，进不了拉倒"的心态来随便试试看的。另外，观点令人信服，表明研究之深、水平之高。这些都能帮助你获得求职的成功。但必须注意，直言相告必须态度诚恳，着眼于对方做得更好，具有建设性，具有可行性，且实事求是，说到点子上。

4. 坚持主见

求职应聘不附和、不随俗、不从众，是有主见的表现，也是胜过别的应聘者的长处。有一家公司招聘办事处人员，老总对每位通过初试者都说了这样一句话：

"如今像我们这样好条件的单位不多，你运气真好，已经跨进了一只脚。"

结果所有赞同此话的应聘者均被淘汰，只有一位持不同意见者反倒入选。她说：

"其实我并不觉得贵公司条件有多好，只是感到比较适合我的专业，而且觉得最后能不能入选，关键在实力而不在运气。"

老总对此大加赞赏，认为像这样有主见、敢于提出不同看法的表现，难能可贵。

5. 坦诚制胜

小王高考落榜后到南方的一个城市去打工。然而，几乎所有的招聘单位不是要求应聘人有大专以上的文凭，就是要求有专业职称，而他什么都没有。正当他一筹莫展时，朋友给他出了一个主意："搞张假大学文凭"，并给了他办假"大学毕业证"的地址。朋友的建议被他当场否定了，但在好奇心的驱使下，还是决定去看看。第二天，他途中经过一家工厂，看见厂门前围着一群人，原来这家工厂正在招聘仓库管理员。他看自己的条件都符合招聘栏上的要求，于是强压住内心的激动，挤上前去高高举起自己的证件——身份证和已经起皱的高中毕业证书。负责招聘的小姐把所有应聘人的证件都收了进去，过了一会儿，她又退出一叠证件来。原来那些毕业证书全是假的。结果他被选中面试了。

小王无疑是靠自己的真诚谋得了一份工作，假如他也弄一个假大学文凭，注定是要失去这次机会的。

面试中如何介绍自己

如何做自我介绍，是面试中常遇到的问题。介绍自己一般包括以下几个方面的内容。

（1）一般情况。如姓名、年龄、性别、民族、籍贯、政治面貌、健康状况、工作或学习单位、家庭住址等。

（2）学历及工作经历。如小学、初中、高中、大学、研究生等；在哪些单位做过什么工作，应按时间顺序排列，中间不应有空白时间，若有一段时间既未学习也未工作，如在家待业、养病，也应有所交代。

（3）职业情况。将所从事工作的内容、时间、职务、业绩、效果、评价等一一说清楚。

（4）其他情况。凡不属以上三方面的内容而又有必要加以介绍，都可分小项介绍。如家庭成员、与本人的关系、经济收入、住房情况等，也可专门介绍你的爱好和特长。另外，如果对求职有什么要求，也可以单项专门介绍。

　　除了介绍自己的基本情况外，还可以适当地将自己的能力和才干表现出来。

　　求职者总要想方设法把自己的能力和才干表现出来，让招聘者了解自己，然而，表达自己的能力和才干也是一门艺术，如果一味地平铺直叙，大讲特讲自己比他人如何如何好，恐怕会给人自吹自擂不谦虚的印象，所以，在说出自己的能力后应适当补充说明。例如当你说了"朋友们都说我是个很好的管理者"之后，还要再补充说明，以支持这句话，你可以举例证明，或者简略介绍一下你的管理方法。另外，如果有条件的话，即使不补充，也可以让事实来说明问题。有这样一个例子，一家公司在招聘考试时，发现一位应试者在校成绩不太好，主考者问道："你的成绩不太好，是不是不太用功？"应试者回答说："说实在话，有的课我认为脱离实际，所以把时间全花在运动上了，所以身体特别好，还练就一身的好功夫。"主考者很感兴趣，让他表演一下，应试者脱下衣服，一口气做了一百多个俯卧撑，使主考者大为吃惊，立即录用了他。

　　有时稍稍抬高自己也是必要的，只要说得合理就行。面谈者当然知道你不会"自道己短"，但别扯得太远，"吹嘘自己"时只要谈谈有关工作方面的内容即可，而且千万要记住要用具体例子来做支持。

　　比如说，你说"我和其他工作人员关系很好"时，别说到这里就停止了，还要举一些具体事例来加以陈述，如："我总是和我的工作伙伴和属下有着相当融洽的关系，而且我也和从前每一位上司都成为好朋友。"此时应注意以下几点：

　　（1）多讲正面性的事。

　　（2）用事实说话。

（3）讲述的内容要集中体现在工作所需的资历之上。

（4）逻辑清晰，简明扼要。

（5）主动让对方了解你的优点，从而录用你。

面试应答七种绝技

1．有问必答

不管是什么问题，都要做出回答。这是最基本的原则，对于考官的问题，有的虽然刁钻，但可能是测试你的应变技巧、反应能力，不管你反应能力如何，总得有一个答案，如果拒绝或者说"这个问题很难回答……"那么，你获胜的机会可能不大了。

2．引石攻玉

有些问题如果硬要回答会漏洞百出。比如，考官问你："如果把这个职位交给你，你有什么样的工作计划?"如果你有很熟练的相关工作经验和对这个单位状况的分析，也许能说出个一二三来。否则，你就回答："我只有在接手这个职位后，才能根据实际情况制定相应的工作计划。"这样会给考官留下你不尚空谈、比较注重实际得稳重型人才的印象。

3．不避实就虚

有些专业性很强的问题，如果你又确实不懂，就坦率承认，千万别说"我想想"，再怎么想也没有结果，只会给考官留下不懂装懂的印象，有时考官出这一类的问题纯粹是想验证一下你是否诚实，如果你坦率承认自己不懂，就正好通过了考官对你在这方面的测评。

4. 旁敲侧击

有些问题要想正面回答等于是否定自己，因此要设法将可能否定自己的话，转化成肯定自己的话。例如，考官问你是否曾在食品厂工作过，然而你却只在酒厂工作过。如果你据实回答这个问题，答案只能是"没有"。你可以这样说："没在食品厂工作过。但我在酒厂工作多年，我认为酒厂与食品厂在某些工艺上有相似之处，而且企业管理应该是相通的。"这等于变否定为肯定的回答。

5. "大题小做"

考官有时会问一些"很大"的题目，比如问"说说你自己"，至于说"你自己"什么，并没有限定，但他要的答案并不是"你自己"事无巨细的全部，因此，你必须"小"作，不要没选择、没目的地说起来。一般说来，"大"题"小"作的技巧是，围绕你应聘的职位来谈，以"说说你自己"为例，"小"在与应聘岗位相关的知识、技能、经验方面即可，考官如果有兴趣再了解你的其他情况，他会发问的。这样的问题往往出现在面试开始时，考官等于不出任何问题，而让你先打开话匣子，因此，你必须有意识地把话题拉到你的能力、性格优点、学识、经验等方面来，不能错过这样的好机会。

6. 反戈一击

有些问题太过刁钻，而且实在无法回答，不妨反戈一击，反问对方，也能起到意想不到的效果。例如：

民国时期，某主考见一位朱姓考生知识渊博，思维敏捷，各类问题对答如流，突发异想，抛开原定题目，出了一道偏题："《总理遗嘱》，每次纪念大会上都要诵读，请你回答一共多少字？"这下可真把朱某考住了。他暗想，主考出此题目未免脱离常规，既然有意刁难，录取必然无望，就不管一切，大胆反问："主考官的尊姓大名，天天目睹手写，也已烂熟，请问共有几笔?"主考官想不到应考者竟会如此反问，一时愣住。事后，主考官十分赏识朱某的才能和胆识，于是亲自录用为县长。

7. 主动出击

如果考官问完了问题，又没立即结束谈话的意思，你可以礼貌地问一句："不知道我说清楚了没有? 请问你还有什么需要我介绍的?"这样主考官会认为你是一个反应灵敏、主动性强的有心人，从而对你另眼相看，你成功的机会也就大一些了。

面试中的常见问题分析

面试时，主考官时不时会针对应试者的心理，提一些较难回答的问题，来检测面试者的综合能力。这些问题有些一听就不好作答，有的看起来简单，实则危机四伏，一不小心就会使自己陷入困境。

1. 你希望得到的薪水是多少

如果你对薪酬的要求太低，那么你的能力就会受到怀疑; 如果太高，公司受用不起; 如果你这时不假思索，报一个数字，无论合适与否都会让人觉得你唐突。所以应先了解自己所从事工作的合理的市场价值。可以不慌不忙地回答："我听别人说这个职位的行情大概是……"这样借话回答，有回旋的余地。当然，礼貌性反问也不失为一种好的方法。

2. 请谈谈你自己

这个问题很大，也是开场白中最典型的一个。从哪里谈都行，但滔滔不绝地讲上一个小时可不是面试者所希望的。显然，他想让你把你的背景和想得到的职位联系起来，因此，回答这个问题时，心中应该牢记如下要点。

首先，回答的重点应该放在工作业绩、专业水准、特殊技能以及潜在能力和发展方向上。绝不要以为考官对你个人私事感兴趣，便说一大堆跟工作无关的琐事。你可以谈谈自己与众不同的观点，但还是谈和工作有关的比较妥当。

其次，以实例（物）证明你所说的广泛言论，回答问题要中心突出，尤其提出一些特殊的例子，并强调过取得成就。

最后，言简意赅，一般不要超过两三分钟的时间。回答完之后，随即询问考官，是否自己还需要介绍别的方面。

3. 你如何评价自己的优缺点

这是面试中最常见，也是最棘手的问题。

面试者试图使你处于不利的境地，观察你在类似的困境中将做出什么反应。回答这样的问题时，应该是用简洁的正面介绍抵消反面的问题。比如在回答优点时，应当首先强调你的适应能力或已具有的技能。如"学习能力、适应能力很强""人际关系很好"等都是可以提出的优点，但尽可能要提供与工作有关的证据。

在对自己的缺点进行评价时，最好的答案就是那些就工作而言可以成为优点的弱点。

例如，我一专心工作就无法停止，一直到完成而且令人满意为止，借此，你告诉考官，你不达目标，绝不罢手，而且为自己的工作感到骄傲。

对于别人认为的缺点，自己觉得有些牵强时，不妨率直地附加说明：

"朋友们认为我有些浮躁，我不知道这样的批评是否正确，但我的确希望自己以后能再稳重一点，多听听别人的建议。任何长处到了极限也会成为短处。比方说，我能和别人合作得很好，这无疑是个优点。但我特别需要别人的帮助，不善于单独工作，现在我意识到了这个缺点，并努力克服。我可以高兴地告诉您，我已经在这些方面取得了一些进步。"

4. 你为什么想到本公司工作

如果回答"喜欢贵公司"是行不通的，尽管这可能是你的心里话。

回答这个问题，要紧紧围绕"公司提供的难得的机会最适合于自己的兴趣、经历"这一点。要让考官知道，你愿意效力于他的公司有充分的理由，而不是随便找一份工作。

此时你最好能够罗列出相当详细的资料，以表示出对贵公司的关注程度。例如，公司涉及的专业、生产线、经营地点，公司最新取得的成果，公司的财务状况等。能够聪明地谈论公司情况，可以迅速地使你从那90%的因懒惰而不能知道公司或工作内情的求职者中脱颖而出，尽管他们也曾想在那里找到工作。

比较蹩脚的回答是："由于贵公司每周休息两天，劳动环境好，福利设施完备。"这种回答对你不利。这个问题其实是问你到公司工作的动机是什么，换句话说，你进公司想干什么，因此这种回答根本不沾边。

5. 谈谈别人对你的评价

这与面试者的两种期望有关，一是你是否容易相处；二是许多面试者会在录用之前咨询你简历上的证明人，看看是否与你说的一样。这时你应该坦诚，但得有策略，不能什么都讲，两三点足矣。

6. 你对以后有什么打算

这个问题一是在考察你能否把工作长久地干下去；二是考察你是有志向，还是好高骛远；三是考察你对生活、对工作的计划性。你应根据自身情况，就一点出发，简短作答，否则后果不堪设想。

面试中如何充分表现自己

察看应聘者的能力是面试单位面试时的一项重要内容，主要察看你是不是与材料中所评价的一样。而察看能力也只能从较为简短的回答中进行，因此，在回答主考官提出的一些问题——可能就是考察你的能力如何的问题时，一定要充分表现出你的才智、学识来。

1. 举出实例

为了向招聘单位描述一个"真实不虚"的你，进而获得成功，你必须记住：不要概述，要展示——用事实来说明你所具有的能力、素质、技能等。但有时也不妨适当地套用例子来说明，例如，在回答"你最不喜欢什么样的人"时，可采用抽象概述——"那些只谈论自己的人，那些损人利己的人"，这样的回答提纲挈领、简洁有力。

2. 突出个性

要想突出个性，首先要实事求是，怎么想就怎么说，当然，一些敏感性的问题应有适度的分寸。以推销员为例。

如当你被问道："你喜欢出差吗?"

你可以直率地回答："坦率地说，我不喜欢。因为从一地到另一地推销产品并不是一件惬意的事。但我知道，出差是商业活动的一个重要组成部分，也是推销员的主要工作之一。所以，我不会在意出差的艰辛，反而以此为荣。因为我非常喜欢推销工作。"

这样，你所表现出的机敏、坦诚与个性一定是招聘者最为欣赏的。

3. 审时度势

一次成功的求职面谈需要具有高度的敏锐，每个人都得考虑对方的兴趣、态度。林肯说："在预备说服一个人的时候，我会花三分之一的时间来思考自己以及要说的话，花三分之二的时间来思考对方以及他会说什么话。"

面谈中的审时度势法主要表现在以下两个方面：一是掌握好回答问题的时间，做到心中有数，有的放矢。在有限的面谈时间里，要得体、有效地"展示"自己，不要漫无边际或反复陈述——过多地拖延时间。二是读懂对方：一种无奈的眼神，一个会意的微笑，一种下意识地看表动作，演绎出的是招聘者不同的心态。所以在对答中要学会破译对方的心理，从而迅速而准确地调整自己的对策。例如：

一位没有相关经验的女教师，在应聘一家贸易公司总经理秘书时这样回答老板关于她的资格条件："我是上海对外贸易学院外语系毕业的，有两年的英语教学经历，在英语听、说、读、写、译中，尤其专口译，曾做过两年的兼职翻译，其间受到外商的称赞。去年，我曾参加过为期两个月的'秘书培训班'，并获得了'速记''打字'等项的结业证书，成绩优良……"

事后，这位女教师说："当时我还有很多话要说，但我看到对面墙的挂钟已指向 11 时 20 分时，我立即意识到不能多说了。"

女教师的机敏终于使她如愿以偿。

4. 虚实并用

在应聘中，有"谋"方能百战百胜。而"谋"中的一个重要策略便是"虚实并用"。有效而适度地运用"虚"与"实"，常常会起到强化自身"资格"和取得对方信任的作用。当问到"你的工作动力是什么"时，有这样一类以"虚"带"实"式的回答可供参考。例如：

"我的动力主要来自以下几个方面：首先是工作本身，即我是否对工作感兴趣，是否能发挥自己的特长，是否能胜任，是否能学到新知识与技能，以及是否能得到进一步的自我发展。其次是自我价值的承认问题，即我是否得到别的尊重与相信，是否有进一步晋升的机会。最后是结果，即我是否能得到较高的工资和待遇等。"

第六章
应急时怎么说才站得住脚

生活中或工作上，我们常常遇到被人"怼"的情况，因事发突然，很多人不知道该如何"怼"回去又不伤对方的自尊，只好自认倒霉，吃了哑巴亏。其实，掌握一些应急中的口才技巧，就能帮你轻轻松松"怼回去"。

"移花接木"的口才技巧

移花接木是辩论中常用的手法，意即巧妙偷换概念以彼之道还施彼身，使自己脱离困境的同时陷对方以困境之中。在我们日常生活中，使用移花接木的说话技巧也常有意想不到的效果。

著名的诗人歌德在一条只能通过一个人的小径上散步，迎面来了个极不友好的人：

"我向来没有给傻瓜让路的习惯。"

歌德听到对方不友好的喊叫，连忙让到一旁，笑容可掬地说：

"我恰恰相反。"

歌德运用了"移花接木法"，一句话就把"傻瓜"的帽子从自己头上摘下，戴到对方头上。

有时候，移花接木还可给别人一个台阶下，让对方在开怀一笑中体会语言的含义。

一对夫妇结婚已经有十余年了，每个月他们都要给双方的父母寄生活费。这件事一直由妻子承办。可是妻子却每个月给自己的父母寄一百元，给丈夫的父母寄五十元。丈夫一直怀怨在心，却也不想因此而与妻子闹得不愉快。

以前，丈夫每天下班，什么事都不干，总要先抱抱小儿子，亲抚半天。可这天回家后，他见到一岁半的儿子正在摇车里哭，却假装什么也没看见，什么也没听到。他一反常态地走到五岁女儿的身旁，把五岁的女儿抱了起来。

正在做饭的妻子扭头看到了，急忙喊道："儿子都哭成那样了，你怎么还不赶紧去哄哄他?"

丈夫不紧不慢地说:"这五十元钱的，还是你来抱吧。我要抱一百元钱的。"

聪明的丈夫风趣而又不失原则地请妻子进入了自己所预设的易位"圈套"，没有长篇累牍地发牢骚，却弦外有音地暗示了事情的实质和自己的不满情绪，从而巧妙地达到了说话的目的。

妻子一听，脸就红了，以后每月也给丈夫的父母寄一百元了。

运用移花接木的说话艺术，关键的往往只有一句话，但这一句话却紧紧扣住了对方的言行，所以分量很重，使对方几乎没有反击的余地。

一个被指控酒后开车，并被判拘留一周的司机，在法官面前申诉说:

"我只是喝了些酒，并没有像指控书中说的那样喝醉了。"

法官听后微微一笑，说:

"正因为这样，我们才没有判处你监禁七天，而只判拘留你一个星期。"

法官的解释，既回避了司机的无理纠缠，又让司机懂得对司机来说，"喝了些酒"开车与"喝醉了酒"开车的区别，就如"监禁七天"与"拘留一星期"的区别一样，只不过是说法不同而已。

一位长官到连对巡查，正赶上士兵们吃中午饭。

"伙食怎么样?"长官问士兵们。

"报告长官，汤里土泥太多。"一个多嘴的士兵回答。

"你们入伍是为了保卫国土，而不是挑剔伙食。"长官非常生气地大声斥责道，"难道这个道理都不懂?"

"懂，"士兵毕恭毕敬地立正，又斩钉截铁地说，"但绝不是让我们吃掉国土。"一句话，说得长官顿时对这位士兵刮目相看了。

士兵们的伙食很快得到了改善。

"泥土"与"国土"意义相差甚远，但士兵却能抓住"土"这一信息，并将其生发开去，不无关联地与国家的形势、国土的沦丧和军人的职责密切地结合在了一起，既体现了一个军人对祖国的忠诚，又巧妙地达到了改善伙食的目的。

"以谬制谬"的口才技巧

以谬制谬和移花接木有本质上的不同，但却有异曲同工之妙，以谬制谬就是以错制错，意即有意将对方的荒谬观点引发蹿来，使其表达得更为清楚，然后再由此推出错误的结论来反击对方，进而使对方的观点不攻自破。

下面我们来看一组故事。

在美国废奴运动中，废奴主义者菲利普斯到各地巡回演讲。一次，一个来自反废奴势力强大的肯塔基州的牧师问他：

"你要解放奴隶，是吗？"

菲利普斯："是的，我要求解放奴隶。"

牧师："那么，你为什么只在北方宣传？干吗不敢去肯塔基州试试？"

"你是牧师，对吗？"菲利普斯反问道。

牧师："是的，我是牧师，先生。"

菲利普斯接着问："你正设法从地狱中拯救鬼魂，是吗？"

牧师："当然，那是我的责任。"

菲利普斯："那么，你为什么不到地狱去？"

牧师觉得一个声称要解放奴隶的人，总在没有奴隶的地方叫喊，目的显得不纯。菲力普斯认为以牧师的身份不应有过多功利的猜疑，于是便对他进行了有力的反驳，他用"以谬制谬法"轻而易举地战胜了对方。

逢年过节，船老板得按规矩弄几样菜，招待船员。这年端午，船老板端了四样小菜，提了一把长颈子锡壶，往船员们面前一放，说：

"伙计们，喝酒吧。"说完就走开了。

有个伙计顺手把酒壶一提，轻飘飘的，揭开盖子一看，只有半壶酒。他很恼火，随手拿起一把锯子，把酒壶上半截锯下来就往江中一扔，把底下半截子照旧放好。

没过多长时间船老板来了，一看酒壶给锯了，气得吹胡子瞪眼珠，大声问道：

"怎么酒壶只剩半截啦，谁干的？"

锯壶的伙计不慌不忙地答道：

"我锯的，上半截又不装酒，留着没用。"

可见，运用"以谬制谬法"时，应注意发现对方的谬误，并对它进行全面的透视，然后寻找适当角度，进行有力反击。

两个乡下财主在村头谈话，农夫老田见了，同他们打过招呼就走开了。忽然，其中一个瘦财主喊道："黑老田，站住。"

农夫站住了，对匆匆赶来的瘦财主说："您有什么事儿？"

瘦财主喘了喘气说："你打断了我们的话把子，赔五石谷，折合洋钱五十块，必须三日之内交清。"

老田回到家里，愁眉苦脸，茶饭不进，只差寻短见了。

他的妻子问怎么了，老田照实说了。

他的妻子就说："这有什么可怕的？到时由我对付。"

到了第三天，田妻叫老田上山打柴，自己便在门口等着。瘦财主来了，劈头就问："你家老田呢？"

田妻不慌不忙地回答说："他上山挖旋涡风的根去了。"瘦财主一听，喝道："胡说，旋涡风怎么还有根？"

田妻反问："那么，话还有把子吗？"

瘦财主无言以对只得愤愤地走了。

通过上面的这些实例，我们可以看出运用"以谬制谬法"有两个基本诀窍。

一是以谬制谬，模拟必须相当，谬说必须等值。如甲说："我家的狗会讲话。"乙便说："我家的驴会唱歌。"甲反问乙："驴怎么会唱歌呢？"乙反问甲："狗怎么会讲话？"这一反驳，由于驴和狗相当，唱歌与讲话等值，因而使甲张口无言。

二是无中生有的"无"，必须是绝对的"无"。反之，就会给对方留下反击的空子，使自己陷于被动。

如，有人说："我家公鸡下了蛋。"另一个说："我家母鸡叫了夜。"这就出了漏洞，有懈可击了。因为母鸡不是绝对不叫夜的，而公鸡则绝对下不了蛋，这样的反驳就无法起到以谬制谬的效果了。

"巧用谐音"的口才技巧

谐音，是指利用语言的语音相同或相反的关系，有意识地使语句有双重意义，言在此而意在彼。巧用谐音，往往能使人摆脱困境化险为夷。

据传，从前有个宰相，他有一个名叫薛登的儿子，生得聪明伶俐。当时有个奸臣金盛，总想陷害薛登的父亲，苦于无从下手，便在薛登身上打主意。有一天，金盛见薛登正与一群孩童玩耍，于是眉头一皱，诡计顿生，喊道："薛登，你像个老鼠一样胆小，不敢把皇门上的桶砸掉一只。"

薛登不知是计，一口气跑到皇门边上，把立在那里的双桶砸碎了一只。

金盛一看，正中下怀，立即飞报皇上。皇上大怒，立刻传薛登父子问罪。

薛登父子跪在堂下，薛登却若无其事地嘻嘻笑着。皇上怒喝道："大胆薛登。为什么砸碎皇门之桶？"

薛登想了想，反问道：

"皇上，您说是一桶（统）天下好，还是两桶（统）天下好？"

"当然是一统天下好。"皇上说。

薛登高兴得拍起手来："皇上说得对。一统天下好，所以，我便把那只多余的'桶'砸掉了。"

皇上听了转怒为喜，称赞道："好个聪明的孩子。"又对宰相说："爱卿教子有方，请起请起。"

金盛一计未成，贼心不死，又进谗言道："薛登临时胡编，算不得聪明，让我再试他一试。"皇上同意了。

金盛对薛登嘿嘿冷笑道："薛登，你敢把剩下的那只也砸了吗？"

薛登瞪了他一眼，说了声"砸就砸"，便头也不回奔出门外，把皇门边剩下的那只木桶也砸了个粉碎。

皇上喝道："顽童。这又如何解释？"

薛登不慌不忙地问皇上："陛下，您说是木桶江山好，还是铁桶江山好？"

"当然是铁桶江山好。"皇上答道。

薛登又拍手笑道："皇上说得对。既然铁桶江山好，还要这木桶江山干什么？皇上快铸一个又坚又硬的铁桶吧。祝吾皇江山坚如铁桶。"

皇上高兴极了，下旨封薛登为"神童"。

"幽默解围"的口才技巧

面对人际交往的困窘，生意场上毁约失言的尴尬，求人办事时的难堪，伴侣、情人、恋人之间的吵闹和不悦，熟人朋友的刁难，上级领导的批评与指责……怎么办？是坐困愁城还是唉声叹气？这时你应该想到一种快乐的法宝——幽默，它会在你的生活中溅起愉悦的涟漪，并帮你脱离困窘、尴尬、难堪和不悦的境地。

试看下面一组故事。

杜罗夫是俄罗斯一位著名的丑角。一次演出的幕间休息，一个很傲慢的观众走到他的身边，讥讽道：

"丑角先生，观众对你非常欢迎吧？"

"是的。"

"要想在马戏班中受到欢迎，丑角是不是就必须具有一张愚蠢而又丑怪的脸呢？"

听到此话，很多人围了过来。

"确实如此。"杜罗夫明白了这位观众的恶意，立即回答说，"如果我能生一张像先生您那样的脸的话，我准能拿到双薪。"

这位傲慢观众的脸，同杜罗夫能否拿双薪，本无丝毫内在的联系，但幽默的杜罗夫却巧妙地把它们牵扯在一起，轻松地为自己解了围。

一天，汤姆的老板开会时气急败坏地大叫：

"这次促销如果泡汤，我要把你们一个个扔进海里喂鲨鱼……"

这时，汤姆衣冠楚楚地站起来，转身欲走，老板更气了：

"你要去哪里？"

原先是要去洗手间的汤姆即兴改口说：

"学游泳。"众人大笑，紧张的气氛马上缓和下来，老板也笑了："你这浑小子。你以为我真的忍心把你们扔进海里……"

汤姆的即兴幽默一下把一个严肃的会议变得轻松愉快起来。

一个和尚在别人的戏弄下被骗进考场，考官见和尚憨头憨脑，想为难一下他，于是给他出题。

考官："孔圣人三千弟子下场去。"

和尚："如来佛五百罗汉上西天。"

考官："子曰：克己复礼。"

和尚："佛道：回头是岸。"

考官急了，喝道："旗鼓。"

和尚赶快高声道："木鱼。"

考官忍耐不住了："岂有此理，岂有此理。"

和尚以为考完了："阿弥陀佛，阿弥陀佛。"

考官喊道："快滚。"

和尚忙谢："善哉。"

这则幽默是典型的职业辐射法，用和尚自己熟悉的词语去对儒家经典，对比出人意料。这种以职业性质而养成的职业意识产生的幽默极有意味。

出其不意的技巧

出其不意，顾名思义，就是出乎对方意料之外，运用这种方法讲究的是快和准，让对方始料不及，从而达到说话的目的。下面我们讲三个关于驴子的故事，虽然有辱人之嫌，但思维之方式则大可以借鉴学习。

德国诗人海涅是犹太人，常常遭到无礼的攻击，一次晚会上有一位旅行家对他说：

"我发现一个小岛，这个小岛竟然没有犹太人和驴子。"

这位旅行家知道海涅是犹太人，竟然当面把犹太人与驴子相提并论。旅行家说完见海涅默不作声，幸灾乐祸地笑了起来。海涅明白旅行家是在讥讽自己，于是缓缓地说：

"那么看来，只有你我一起去那个岛上，才能弥补这个缺陷。"

海涅话刚说完，旅行家目瞪口呆地看着海涅，显然他被海涅出其不意的回答惊呆了，不一会儿就偷偷溜走了。

一次聚会上，一位诗人与一位富翁坐在一起，富翁想侮辱诗人，便问他：

"告诉我，你跟一头驴能差多少？"

诗人受到侮辱并没有发作，而是不动声色地目测了一下他们之间的距离，答道：

"不远，只有 25 厘米。"

听了诗人的答话，富翁四处看了看，立即起身走开了。在这里，富翁原话是骂诗人与驴差不多，诗人的答话则是直接把富翁当作驴了。这一答话使富翁始料不及，只能悻悻而逃。

有一位老太婆正赶着驴子走路，年轻人嫌她挡了道，但又不好发作，想设法侮辱她一下，故意向老太婆打招呼："你好啊，驴的母亲。"老太婆当然听出话中有音，望一望那位青年人，笑着接口道：

"你好啊。我的孩子。"

"一语双关"的口才技巧

一语双关是指在一定的语言环境中，利用语音或语义而获得表里双重意义的修辞技巧。其特点是利用汉语词语的多义性或谐音，使一句话含两种可能的解释，即表面的意思和暗含的意思，而暗含的意思才是说话者所要表达的真正意思。

例如《红楼梦》第八回写了这样一件事。

宝玉欲喝冷酒，宝钗劝说宝玉不要喝，说喝冷酒对身体有害，宝玉觉得有理，便令下人热了方饮。黛玉在一旁听后，抿着嘴笑，看在眼里，恨在心里。恰巧黛玉的丫鬟雪雁来给黛玉送手炉，黛玉问是谁要她送来的，雪雁说是紫鹃姐姐怕姑娘冷，让送的。黛玉接过手炉时对雪雁："也亏了你倒听她的话，我平日和你说的，全当耳旁风；怎么她说了你就依，比圣旨还快呢。"

黛玉的话表面看来，是说雪雁听信紫鹃的吩咐而不听她的话，实际上则是奚落宝玉听信宝钗的话没喝冷酒，而平时不听她的话。

一语双关由于含蓄委婉，生动活泼，话中有话，又幽默诙谐，饶有趣味，能给人以意在言外之感，又使人回味无穷，因而经常为人们所使用。

阿凡提在闹市租了一家店面开理发店，租期为一年。

店主仗着店面是他出租的，每次剃头都不给钱。

有一天店主又来了，阿凡提照例给他剃了光头，然后边刮脸边问道：

"东家，眉毛要不要？"

"废话，当然要。"

阿凡提嗖嗖两刀，把店主的两道浓眉剃了下来，说：

"要，就给你吧。"

店主气得说不出话来，埋怨自己不该说"要"。

"喂，胡子要不要？"

"不要，不要。"店主忙说。

阿凡提嗖嗖几刀，把店主苦心蓄养的大胡子刮下来，甩到地上。

阿凡提利用双关语，把店主整治得无可奈何。

从前，有个县官带领随员骑着马到王庄去处理公务，走到一个岔道口，不知朝哪边走才对，正巧一个老农扛着锄头迎面走来。

县官头也不回神气十足：喂，老头，到王庄怎么走？

老农头也不回，只顾赶路。

县官不悦，大声吼：喂。老头，问你呢，长没长耳朵？

老农停下：我没有时间回答你，我要去李庄看件稀奇事。

县官：什么稀奇事？

老农：李庄有匹马下了头牛。

县官：真的？马怎么会下牛呢？

老农：世上的稀奇事多哩，我怎知道那畜生为什么不下马呢？

在论辩中，若遇到棘手的问题不好回答或不能回答时，一语双关往往能收到出人意料的效果。

有一次，美国总统里根决定恢复出产 B－1 轰炸机，这引起许多美国人的反对。在记者招待会上，面对责问，里根答道："我怎么不知道 B－1 是一种飞机呢？我只知道 B1 是人体不可缺少的维生素，我想我们的武装部队也一定需要这种不可缺少的东西。"

这句一语双关的妙言，一时竟使得那些反对者不知所措。

又如，一个中年男子在火车站候车，看见坐在身边的一位少妇风韵照人，遂起邪念。他见少妇穿着一双肉色丝袜，便色眯眯地凑上前去搭讪。

男子：你这双袜子是从哪儿买的？我想给我的妻子也买一双。

少妇：我劝你最好别买，穿这种袜子，会招来不三不四的男人找借口跟你妻子搭腔的。

男子听后只得夺路而逃。

"另辟蹊径"的口才技巧

生活中我们正面办不了的事情，只能从侧面去想办法，侧面如果再受阻的话，那就只能另辟蹊径了，或者曲径渗透，或者隔山打牛，总之是一种不得已而为之的办法，而若把它当作一种说话方式，就像半路杀出个程咬金，有出人意料的效果。

王小姐近来身体发福，颇为烦恼。一天，她对刘大姐发牢骚说："你看，我是越长越胖。""你不算太胖，看起来很健康。"刘大姐安慰道。王小姐接着说道："还不胖呢，前几天称体重都快70公斤了。""那您当时一定是在锻炼身体，手里正拿着两个哑铃吧。"刘大姐一席话把王小姐逗得前仰后合。

有一顽童，大年初一那天，一大早便出门找伙伴玩耍去了。玩了一段时间后，发现自己头上一顶崭新的帽子不知何时丢了。于是心惊胆战地跑回家去，对他母亲说了。要是在平时发生这情况的话，母亲一定会大声斥责他。可是今天是大年初一，不能骂孩子，尽管心里很火，也得强忍着。这时来他家串门的邻居小王听了笑着说："狗娃子的帽子丢了，这没关系，这不正好意味着'出头'了吗？今年你们家一定走好运，有好日子过了。"一句话，母亲转怒为喜。从此在邻居间小王的形象一下子提高了许多。

小王应邀参加一位朋友的婚礼，可天公不作美，小雨从早到晚一刻也未停过。等赶到朋友家时，衣服上溅满了星星点点的泥水。当一对新人双双向他敬酒时，朋友看到他满身泥水，略带歉意地说：

"冒雨前来，你辛苦了。这都怪我没选好日子。"

小王赶忙接过话茬说："自古道，'久旱逢甘雨，他乡遇故知，洞房花烛夜，金榜题名时'，这人生的四大喜事，让你们小两口一天就赶上了两个，这才叫双喜临门呢。"一句话说得满堂喝彩。小王意犹未尽，接道："既然说到了雨，敝人有首打油诗，借此机会赠给两位新人。"说完接着吟道：

"好雨知时节，当婚乃发生。随风潜入夜，听君亲吻声。"一首歪诗，逗得新娘面颊绯红，引来满座欢笑。小王一席话确立了他在人群中的说话形象和说话风格，使他成了一个到处受欢迎的人。

有一次座谈会上，有几位同志为鬼戏喊冤，认为神戏早已搬上银幕，也已登台亮相，唯有鬼戏既未上演也未登台。大家正在愤愤不平之时，一位青年脱口点出其中缘由："这叫作'神出鬼没'。"此言一出，会场气氛顿时增色不少。

在当今人际交往日益紧密频繁的时代，语言起着越来越重要的作用，只要我们以雍容豁达的态度对待生活，就会发现，生活中处处充满趣味和温情，充满欢乐和笑声。

虚张声势的技巧

虚张声势是以夸张的语言造成严重的形势，给对方造成强烈的震撼，以此说服对方，或脱离险境。

第二次世界大战之初，德国于 1941 年制订的建造几十艘潜水艇的计划很快要成为现实，需要有几千名德国青年来操纵这些新式秘密武器。正当许多青年把当潜水兵作为一种崇高的职业，争相报名参加杜尼兹海军上将的潜水艇部队时，许多地方出现了一种精心设计的传单：潜水艇被画成一个"钢铁棺材"，上有这样的文字：

"当潜水兵极其危险，寿命短，长时期同外界隔绝……"

同时，英国人在无线电广播中，开办针对德国人的节目，告诉德国人如何假装患某种疾病以避免当潜水员。原来，这是英国海军部一个代号为 OP－16－W 的秘密部门，针对德国人很容易受到心理攻击的特点，运用心理学知识对德国进行的一次"心理战"。

这样一来，许多青年对当潜水兵产生了恐惧心理，放弃了报名。

由此可见虚张声势，让对方在心理上受到强烈的震撼，你的说服就会有效果。试想，聪明的英国人将潜水艇描绘成可怕的钢铁棺材，还会有谁愿去白白送命呢？

战国时，有一个名叫张丑的人在燕国当人质。

这一天，张丑听说燕王想杀死他，便急忙逃走。很快，他便来到燕国的边境，眼看离自由只有一步之遥了，不料却被燕国边境的巡官抓个正着，巡官以为这下立了大功，决定将张丑送回燕王处领赏。张丑心想，如果被送回去，肯定是死路一条，必须想办法逃走，思来想去，张丑终于想出一条妙计。

张丑对看守他的兵士说：

"快去叫你们的头儿，我有话跟他说。"

看守连忙前去禀报。过了一会儿，巡官过来了。

张丑神秘地对巡官说：

"你知不知道，你们燕王为何要杀我？"

"不知道。"

"为什么？"

张丑故意压低了声音说："燕王之所以要杀我，是因为有人说我有很多珠宝，而燕王却想要得到它们。事实上那些珠宝已经没有了，但是燕王不信任我。"

"这跟我有什么关系？"巡官不解。

"如要你现在把我送给燕王的话，他必定还要问我珠宝藏在何处。到时我就说，你把这些珠宝全吞在肚子里了。到时候……"

张丑故意抬高了声音。

"燕王肯定让你剖腹取珠，你的肚肠将被一寸一寸地割开。"

这时，巡官早已吓得不住地颤抖，赶紧放了张丑，让他逃出燕国。

生活中，假如跟你交谈的那个人固执己见，盲目自信，志得意满的话，要想使他改变主张，收回成见，转向你所设置的既定目标，有时就必须虚张声势，充分论述其原有想法或做法的危害，使其猛然警醒，继而听从于你。

"将错就错"的口才技巧

掌握神奇机智的语言应变技巧，无论是在社会交往还是在商业谈判、发表演说等方面，都具有重要的作用。

我们在社交场合中，特别是处境尴尬时，将错就错的巧妙开脱往往比一味解释更具有奇妙的作用，它是机智应变语言的重要内容之一。

《世说新语》中记载了这样一个故事。

一天，魏文帝下旨传钟毓、钟会兄弟二人进宫，由于第一次见皇帝，二人心中不免紧张，钟毓出了一额头的汗。

皇帝见了便笑问老大钟毓：

"你怎么出汗了？"

"战战惶惶，汗出如浆。"钟毓一边擦汗一边回答。

魏文帝又问老二钟会：

"你怎么没出汗?"

"战战栗栗,汗不敢出。"钟会答道。

两人皆受到了魏文帝赏识。

清代大才子纪晓岚才华横溢,深得乾隆皇帝喜爱。纪晓岚也在乾隆面前无所顾忌,经常口出"狂言"。有一次,乾隆皇帝带着几个随从突然来到军机处。此时的纪晓岚正光着膀子和几个办事人员闲聊。其他人老远就看见皇帝来了,连忙起身迎上前去接驾。纪晓岚是高度近视,刚开始没看见走在最后面的乾隆,等他明白怎么回事的时候,乾隆就快到了。

纪晓岚心想:"就这样光着膀子接驾,岂不是冒犯龙颜?干脆一不做二不休,趁着别人不注意钻到桌子底下躲起来。"

这一切,早被乾隆看了个真真切切,他心中一阵好笑,有心想"整整"纪晓岚。

乾隆在椅子上坐定,示意其他人都不许出声,很长时间过去了,纪晓岚在桌子底下早就待不住了,心中纳闷:怎么进来之后就没动静了? 这么长时间了,早该走了,该不是已经走了吧,想到这里纪晓岚压低了嗓门,喊道:

"喂,有人吗? 老头子走了吗?"

满屋子的人都听到了,大家忍不住都想乐,一听纪晓岚喊"老头子",心想这一下子可有好戏看了。

乾隆也听得真真切切,板起脸,厉声喝道:

"纪晓岚,出来吧。"

纪晓岚一听是乾隆的声音,心想:"完了,完了,这回可完了。"只好无可奈何地从桌子下钻出来见驾。

乾隆一看纪晓岚光着膀子,满身大汗,惊慌失措的样子,心里一阵好笑:"纪晓岚人称大清第一才子,居然这般模样。"接着故意装作生气的样子，大声喝道：

"大胆纪晓岚，你不见驾也就罢了，居然还敢说朕是'老头子'，你什么意思？今天你要讲不清楚，朕要了你的脑袋。"

到了这种境地，纪晓岚反倒镇静了许多，一边擦汗，一边苦思对策。忽然他灵机一动，反正错了，错了就错说呗，不紧不慢地说道："万岁爷请息怒，刚才奴才称您为'老头子'，只是出于对您老人家的尊敬，别无他意。"

乾隆一听更加生气：

"尊敬？好，你给朕说说怎么个尊敬法。"

纪晓岚慢慢说道："先说这'老'字，天下臣民每天皆呼皇上万岁，万岁，万万岁，您说这万岁、万万岁算不算'老'啊？"

乾隆没作声，只是点点头。

纪晓岚见乾隆有所应允，接着说：

"再说这'头'字，家有千口，主事一人，如今皇上便是我大清国的主事之人，是天下万民之首，'首'者'头'也。故此称您为'头'。"

乾隆边听边眯着眼睛笑，很是满意。

"至于这'子'嘛，意义更为明显。皇上您贵为天子，乃紫微星下凡。紫微星，天之'子'也，因此您为'子'。这便是我称您老人家为'老头子'的原因。"纪晓岚说完轻轻舒了口气。

乾隆听完拊掌大笑："好一个'老头子'，纪晓岚你果然是个才子。"

在这里纪晓岚将错就错使皇上龙颜大悦，巧妙地为自己化解了一次险情。

又如前联合国秘书长瓦尔德海姆就任奥地利总统后不久，因他在纳粹军队中任过职，国际舆论一时沸沸扬扬。他在接受一名记者采访时，记者问及此事，这使他颇为尴尬。但他仍不失风度地对记者说：

"关于这件事情，我无权做出解释，最权威的解释者是我母亲，看她是不是生了两个瓦尔德海姆。"

瓦尔德海姆将错就错，一句话便使自己脱离了尴尬的境地，又不失总统的风度。

第七章
说服他人怎么开口才站得住脚

口才是社交的基本工具，社交场合又是施展口才的舞台和场所，口才的好坏是一个人社交成功与否的关键。生活中，经常出现需要说服对方的现象，怎样才能在最短的时间说服对方，达成一致是很多人在社交过程中遇到的难题。掌握说服的技巧，说服效果才能事半功倍。

说服的关键是寻找突破口

"说服"是生活中常见的一种现象，人生在世，经历不一，性格不一，学识不一，专业不一，与之相对应的心态、兴趣、做事、为人，当然也不一样。

"一千个读者心中有一千个哈姆雷特。"一方面说明莎氏戏剧中哈姆雷特这个艺术形象的复杂性，另一方面也说明人和人之间的巨大不同。因此，"说服"自古以来都在人们相互间的交往中扮演着重要的角色，孔子周游列国说之于礼，苏秦、张仪合纵连横于七国之间，留下了许多千古佳话。

现代社会，说服更成为我们建立和谐人际关系的关键。说服是一门艺术，更是一个人综合素质的具体体现，比如一些权威言论或经实践证明的真知灼见，人们自然不说自服，而在日常生活中要想因某事而说服某人，就必须掌握一些说服的技巧和法则，以提高说服的效率。俗话说，"知己知彼，百战百胜"，要想在最快的时间内寻找到说服别人的最佳突破点，可以试着从以下几种方法着手。

（1）了解对方的性格。不同性格的人，接受他人意见的方式和敏感程度是不一样的。如：是性格急躁的人，还是性格稳重的人；是自负又胸无点墨的人，还是有真才实学又很谦虚的人。了解了对方的性格，就可以按照他的性格特征，有针对性地说服他了。

（2）了解对方的长处。一个人的长处就是他最熟悉、最了解、最易理解的领域。如有人对部队生活比较熟悉，有人对农村生活比较熟悉，有人擅长文艺，有人擅长体育，有人擅长交际，有人擅长计算等。

在说服人的时候，要从对方的长处入手。第一，能和他谈到一起去；第二，在他所擅长的领域里，谈论起来他容易理解，因此容易说服他；第三，能将他的长处作为说服他的一个有利条件，如一个伶牙俐齿、善于交际的人，在分配他做推销工作时可以说："你在这方面比别人具有难得的才能，这是发挥你潜在能力的一个最好机会。"这样谈既有理有据，又能表现领导者对他的信任，还能引起他对新工作的兴趣。

（3）了解对方的兴趣。有人喜欢绘画，有人喜欢音乐，有人喜欢读书，还有人喜欢下棋、养鸟、集邮、书法、写作等，人人都喜欢从事和谈论其最感兴趣的事情。从这里入手，打开他的"话匣子"，再对他进行说服，便较容易达到说服的目的。

（4）了解对方的想法。一个人坚持一种想法，绝不是偶然的，他必定有自己的理由，而且他讲的道理一般都符合他自己的利益或人之常情。但这常常不是他想要坚持的，只是不愿承认，难以启齿。如果说服者能真正了解他的"苦衷"，就能有针对性地加以解决。

（5）了解对方的情绪。一般来说，影响对方情绪的因素有以下方面。一是谈话前对方因其他事所造成的心绪仍在起作用；二是谈话当时对方的注意力还未集中起来；三是对说服者的看法和态度。因此，说服者在开始说服之前，要设法了解他当时的思想动态和情绪，这对说服的成败，是一个至关重要的环节。

凡此种种，你都要悉心研究，才能够有针对性地采取有效的说服方式。另外，了解对方是有许多学问的。许多人不能说服别人，就是因为他没有仔细研究对方，没有研究该用怎样的表达方式，就急忙下结论，还以为"一眼看穿了别人"。这就像那些粗心的医生，对病人病情不了解就开了药方，当然不会有好的效果。

成功说服的三点原则

1. 贵在坚持

日本理研光学公司董事长市村清先生，想说服 W 先生购买新发明的阳画感光纸，但他听说 W 先生对这类新技术、新发明一向不感兴趣。

市村清先生细心观察，讲话很有礼貌，向他解说蓝色晒图应如何改变阳画感光纸，一次、两次……六次、七次，一再拜访。有一天，W 先生不耐烦了，破口大骂："我说不行就是不行，要讲几次你才了解。以后，不要再与我们制图师接触了。"

他生气了，证明他已经开始在意你的行为了，这是有希望的事情。既然已经生气，让他情绪稳定下来就太可惜了。如此，市村清第二日清晨又去了。

"昨天跟你讲过，怎么你又来啦。"

"喔。昨天很难得挨骂，所以我又来了。"市村清先生微笑着回答，"打扰你了，再见。"W 先生一下子呆住了，而市村清先生认为已经有了反应，达到了一定效果，所以暂时以退为进。

第三天一早他又去了，"早安"。四目相对，W 先生终于被市村清说服了。

2. 让事实说话

当一种观念进入心底很长时间时，有时外人用话语的确难以改变它。此时，可用事实这种最有力的武器来说服他。

1961年6月10日，周总理接见溥杰的夫人嵯峨浩时，了解到嵯峨浩的顾虑。嵯峨浩刚到中国，因为自己是日本人，又是伪满皇帝的弟媳，担心受到歧视。为了打消嵯峨浩的顾虑，周总理请三个人作陪，一位是老舍夫人，一位是京剧名旦程砚秋的夫人，另一位是照顾总理夫妇的护士。为什么请这三人？因为她们都是满族人。总理先介绍三位陪客，然后讲了我们党的政策，讲中国各族人民都有平等的地位，不会受到歧视。如果没有三位满族人在场，以事实作证，嵯峨浩未必会相信总理，未必会去除偏见，打消顾虑。

改变一个人对一件事的偏见，就要找到与他观念相悖的事实，自然而然地引进这个事实，并在时机成熟时阐述它，发挥它，使之真正成为你的有力论据。若要改变一个人对另一个人的偏见常常要难得多。但用同样的方法也可以做到，只不过需要更长的时间，更多的坚持，也即积累更多的事实。让事实说话，让说话的声音更有力。

3．活用数据

我们生活在数字的世界里，每天所见、所闻与所思的一切，几乎没有不涉及数字的。因此，我们也许对数字或多或少地产生麻木或厌烦的感觉。其实，这样的感觉是很自然的，因为数字只是代表事实的一种符号，而非事实本身。在说服他人时运用数字，要留意下面两个要领。

（1）除非必要，否则不要随便提出数字。你抛出的数字过多，不但会令对方感到疑惑而关闭心扉，而且也会令听众觉得你没人情味，因为你所关心的只是冷漠的数字。

（2）要设法为枯燥的数字注入生命，这即是说，要让数字所代表的事实，能成为一般人生活经验中的一部分。只有这样，人们对数字才感到亲切，也才能产生兴趣。举例来说，下面的第一种数字陈述方式若能改为第二种陈述方式则其影响力将显著加大。

A："假如各位接纳我的提议，则公司每个月至少能节省67453750元的开支。"

B："假如各位接纳我的提议，则公司每个月至少能节省67453750元的开支。从另一个角度来说，倘若这项节省下来的开支，能以加薪的方式平均分配给公司的每一位成员，则每一个人每一个月的工资将增加3500元。"

说服也要循序渐进

有一天，卡耐基突然同时接到两家研习机构的演讲邀请函，一时之间，他无法决定接受哪家邀请。但在分别与两位负责人洽谈过后，他选择了后者。

在电话中，第一家机构的邀请者是这样说的：

"请卡耐基先生不吝赐教，为本公司传授说话的技巧给中小企业管理者。由于我不太清楚您所讲演的内容，就请您自行斟酌吧。人数估计不超过一百人……万事拜托了。"

卡耐基认为，这位邀请者说话时平淡无力，缺乏热忱。给人的感觉，便是一副为工作而工作的态度，让人感受不到丝毫的热情，也给他留下相当不好的印象。

此外，对方既没明确地提示卡耐基应该做什么、要做到什么程度，也没有清楚交代听讲人数，教他如何决定演讲内容呢？对此，卡耐基自然没有什么好感。

而另一家机构的邀请者则是这样说的：

"恳请卡耐基先生不吝赐教，传授一些增强中小企业管理者说话技巧的诀窍。与会的对象都是拥有50名左右员工的企业管理者，预定听讲人数为70人。因为深深体悟到心意相通的时代离我们越来越远，部属看上司脸色办事的传统陋习早已行不通。因此，此次恳请先生莅临演讲的主要目的，是希望让所有与会研习者明白，不用语言清楚地表达出自己想法的人，就无法成为优秀的管理人才。希望演说时间控制在两个小时左右，内容锁定在：①学习说话技巧的必要性，②掌握说话技巧的好处，③说话技巧的学习方法这三方面，希望能带给大家一次别开生面的演讲。万事拜托了。"

卡耐基明显感觉到这家机构的邀请者明快干练、信心十足，完全将他的热情毫无保留地传达给了自己。更重要的是，对方在他还没有提出问题的情况下，就解答了所有的疑问。因此，在卡耐基的脑海里立刻浮现出自己置身讲台的情景，并很快就能够想象出参加者的表情，以及自己该讲述的内容等。显然，这种邀请方式很能带给受邀者好感。

显然说服别人是需要一定技巧的。其中最重要的是依循一定的步骤。像行军打仗一样，步步为营，才能稳中求胜，也易形成排山倒海的气势。

1. 吸引对方的注意和兴趣

为了让对方同意自己的观点，务必要吸引劝说对方将注意力集中到自己设定的话题上。利用"这样的事，你觉得怎样？这对你来说，是绝对有用的……"之类的话转移他的注意力，让他愿意并且有兴趣往下听。

2. 明确表达自己的思想

明白、清楚的表达能力是成功说服的首要要素。对方能否轻轻松松倾听你的想法与计划，取决于你如何巧妙运用你的语言技巧。

准确、具体地说明你所想表达的话题。比如"如此一来不是就大有改善了吗?"之类的话，更进一步深入话题，好让对方能够充分理解。为了让你的描述更加生动，少不了要引用一些比喻、实例来加深听者的印象。适当引用比喻和实例能使人产生具体的印象；能让抽象晦涩的道理变得简单易懂；甚至使你的主题变成更明确或为人熟知的事物。如此一来，就能够顺利地让对方在脑海里产生鲜明的印象。说话速度的快慢、声音的大小、语调的高低、停顿的长短、口齿的清晰度等都不能忽视。

除了语言外，你同时也必须以适当的表情、肢体语言来辅助。

3. 动之以情

说服前只有准确地揣摩出对方的心理，才能够打动人心。通过你说服对方的内容，了解对方对此话题究竟是否喜好、是否满足，再顺势动之以情或诱之以利，告诉他"倘若照我说的去做，绝对省时省钱，美观大方，又有销路……"不断刺激他的欲望，直到他跃跃欲试为止。

如他在想什么，他惯用的行为模式为何，现在他想要做什么等。一般而言，人的思维和行动都是由意识控制，不论他人和外界如何的建议或强迫，也不见得能使其改变。因此，想要以口才服人的人，必须意识到说服的主角不是自己而是对方。也就是说，说服的目的，是借对方之力为己服务，而非压倒对方，因此，一定要从感情深处征服对方。

4. 提示具体做法

在前面的准备工作做好之后，就可以告诉对方该如何付诸行动了。你必须让对方明了他应该做什么、做到何种程度最好等。到了这一步，对方往往就会很痛快地按照你说的去做。

将自己的想法逐步渗透给对方

1. 了解对方的想法

想要让对方同意你的意见，第一点就是要设法先了解对方的想法与凭据来源。曾经有一位很优秀的管理者说："假如客户很会说话，那么我就有希望成功地说服对方，因对方已讲了七成话，而我们只要说三成话就够了。"事实上，我们大多数人为了要说服对方，就精神十足地拼命说，说完了七成，只留下三成让客户"反驳"。这样如何能顺利圆满地说服对方？因此，应尽量将原来说话的立场改变成听话的角色，去了解对方的想法、意见，以及其想法的来源或凭据，这才是最重要的。

2. 接受对方的想法，同时也让对方接受你

如果对方反对你的新提议，是因为他仍对自己原来的想法保持不舍的态度，且他的看法尚有可取之处，那么此时最好的办法，就是先接受他的想法，站在对方的立场想问题，最好能说出对方想讲的话。因为当一个人的想法遭到别人一无是处的否决时，极可能为了维持尊严而变得更倔强地坚持己见，排斥反对者的新建议。若是说服别人沦落到这地步，成功的希望就不大了。

有这样一个例子，某家用电器公司的推销员挨家挨户推销洗

衣机，当他到一户人家里，看见这户人家的太太正在用洗衣机洗衣服，就忙说：

"哎呀，这台洗衣机太旧了，用旧洗衣机是很费时间的，太太，该换新的啦……"

结果，不等这位推销员说完，这位太太马上产生反感，驳斥道：

"你在说什么啊。这台洗衣机很耐用的，到现在都没有故障，新的也不见得好到哪儿去，我才不换新的呢。"

过了几天，又有一名推销员来拜访。他说：

"这是令人怀念的旧洗衣机，因为很耐用，所以对太太有很大的帮助。"

这位推销员先站在这位太太的立场上说出她心里想说的话，使得这位太太非常高兴。于是她说：

"是啊。这倒是真的。我家这部洗衣机确实已经用了很久，是太旧了点，我倒想换台新的洗衣机。"于是推销员马上拿出预先准备好的宣传小册子，提供给她作为参考。

这种推销说服技巧，确实大有帮助，因为这位太太已产生购买新洗衣机的决心。至于推销员是否能说服成功，无疑是可以肯定的，只不过是时间长短的问题了。

善于观察与利用对方的微妙心理，是帮助自己提出意见并说服别人的要素。一般来说，被说服者之所以感到忧虑，主要是怕"同意"之后，会发生意想不到的后果；如果你能洞悉他们的心理症结，并加以防备，他们还有不答应的理由吗？至于令对方感到不安或忧虑的一些问题，要事先想好解决之法以及说明的方法，一旦对方提出问题，可以马上说明。如果你的准备不够充分，讲话时模棱两可，就会令人感到不安。所以，你应事先预想一个可能引起对方疑虑的问题，此外，还应准备充分的资料，给客户提供方便，这是相当重要的。

3. 明确说服的内容

有时，虽然满腹的计划，但在向对方说明时，如果对方无法完全了解其内容，他可能马上加以否定。另外还有一种情形，对方不知我们说什么，却已先采取拒绝的态度，摆出一副不会被说服的姿态；或者眼光短浅，不愿倾听。如果遇到以上几种情形，一定要耐心地一项项按顺序加以说明。务求对方了解我们的真心实意，这是说服此种人要先解决的问题。对不能完全了解我们说服的内容者，千万不可意气用事，必须把自己新建议中的重要性及其优点，一下打入他的心中，让他确实明白。举一个例子加以说明，假如你说服别人，第一次不被接受时，千万不可意气用事地说："说了也是白说。"

说得多不如说得巧

明武宗时，秦藩请求加封陕边地，而此地战略上十分重要，与国家社稷的关系更是紧密相连，但是皇上受人撺掇，已经同意了，叫大学士们起草一个加封的诏书。梁文康承命起草了这份诏书，他巧妙地采用正话反说的方法表达了劝阻皇帝、改变封地的意见。

他写道：

"过去皇太祖曾诏令说：'这块土地不能封给藩王，不是吝啬，而是考虑到它的地广物丰，藩王得到后一定会多养士兵马匹，也一定会因富庶而变得骄纵。如果此时有奸人挑拨引诱，就会行为不轨，有害于国家.' 现在藩王既然恳请得到这块土地，那么就加封给你吧。但得此地之后，不要在此收聚奸人，不要在此多养士兵马匹，不要听信坏人挑唆，图谋不轨，扰乱边境，危害国家。否则，那时想保全自己的妻子儿女都不可能了。请藩王在此事上慎之又慎，不要疏忽。"

皇上看到诏书很忧虑，觉得不把此地封给藩王为好。梁文康在这里运用了巧妙的说服战略，从而阻止了土地的滥封。

这个故事说明在说服的过程中，与其喋喋不休地进行劝说，不如通过巧妙的方法进行点拨。前者令人生厌，效果甚微；后者巧妙而简洁，收效也很显著。

曲径通幽才是最好的办法

我们在说服别人的过程中，若既不能速战速决迅速找到最佳突破点，又无法正面与其交锋打消耗战，那么不妨绕绕弯，曲线救国，曲径通幽。

清朝著名才子纪晓岚很善于驾驭语言，一次，乾隆皇帝想开个玩笑考验纪晓岚的辩才，便问纪晓岚：

"纪卿，'忠孝'二字做何解释？"

纪晓岚答道："君要臣死，臣不得不死，是为忠；父要子亡，子不得不亡，是为孝。"

乾隆立刻说："那好，朕要你现在就去死。"

纪晓岚："臣领旨。"

乾隆："你打算怎么个死法？"

纪晓岚："跳河。"

乾隆："好吧。"

乾隆当然知道纪晓岚不可能去死，于是静观其变。不一会儿，纪晓岚回到乾隆跟前，乾隆笑道："纪卿何以未死？"

"我碰到屈原了，他不让我死。"纪晓岚回答。

"此话怎讲?"乾隆疑问道。

"我去到河边，正要往下跳时，屈原从水里向我走来，他说：'晓岚，你此举大错矣。想当年楚王昏庸，我才不得不死；可如今皇上如此圣明，你为什么要死呢? 你应该回去先问问皇上是不是昏君，如果皇上说他跟当年的楚王一样是个昏君，你再死也不迟啊。'"

乾隆听后，放声大笑，连连称赞道：

"好一个如簧之舌，真不愧为当今的雄辩之才。"

纪晓岚巧用"迂回出击"的技巧，在毫不损害乾隆面子的情况下，点出他的无理之处，一举令他折服。很显然，乾隆是根据纪晓岚提出的"君要臣死，臣不得不死，是为忠"之论叫他去死，此令顺理成章。纪晓岚临阵进退皆无道理，只有迂回出击，方能主动创造契机，指出如果皇上承认自己是昏君，他就去死。而乾隆当然不可能承认自己是昏君，故纪晓岚很自然地也就把自己从"死"中解脱出来，为自己找到了一个充分的不死理由。

公元前265年，赵国的赵太后刚执政不久，秦国便发兵前来进攻。赵国求救于齐国。齐国提出必须以赵太后的小儿子长安君作为人质，才肯发兵相救。但是赵太后舍不得小儿子，坚决不允。赵国危急，群臣纷纷进谏。赵太后依旧坚决地说："从今日起，有谁再提用长安君当人质，我就往他脸上吐唾沫。"大臣们便不敢再多说什么。

有一天，左师触龙要面见赵太后，赵太后认为触龙一定是为了劝谏此事而来，于是她便摆开了吐唾沫的架势。不想触龙慢条斯理地走上前，见了太后，关心地说："老臣的脚有毛病，行走不便，因此好久未能来见太后，我担心太后的玉体违和，今天特地来看望。最近太后过得如何？饭量没有减少吧？"

太后答道："我每天都吃粥。"触龙又说："我近来食欲不振，但我每天坚持散步，饭量才有所增加，身体才渐渐好转。"

赵太后听触龙不提人质的事，怒气也渐渐消了。两人于是亲切、融洽地聊了起来。

聊着聊着，触龙向赵太后请求道：

"我的小儿子叫舒祺，最不成才，可是我偏偏最疼爱这个小儿子，恳求太后允许他到宫中当一名卫士。"

太后赶紧问触龙："他几岁了？"

触龙答："十五岁。他年岁虽小，可是我想趁我在世时，赶紧将他托付给您。"

赵太后听到触龙这些爱怜小儿子的话，深有同感，便忍不住与他闲谈。

太后说："真想不到你们男人也疼爱小儿子呀。"

触龙说："恐怕比你们女人更爱小儿子。"

触龙见时机已到，于是把话题深入一步，说：

"老臣认为太后爱小儿子爱得不够，远不如太后爱女儿那样深。"太后不同意触龙的这个说法。

触龙解释道："父母爱孩子，必须为孩子作长远的打算。想当初，太后送女儿远嫁燕国时，虽然为她的远离而伤心，可是又祈祷她不要有返国的一日，希望她的子子孙孙相继在燕中为王。太后为她想得这样长远，这才是真正的爱。"

太后信服地点了点头。触龙接着说："太后如今虽然赐给长安君许多土地、珠宝，但若不使他有功于赵国，太后百年之后，长安君能自立吗？所以我说，太后对长安君不是真正的爱护。"

触龙这番话说得赵太后心服口服，同意给长安君准备车马、礼物，送他去齐国当人质，并催促齐国出兵。而齐国也很快就出兵解了赵国之围。

触龙说服赵太后的方法，便是运用曲径通幽、以迂为直策略的典范。

英国军事家哈利也曾说过："在战略上，漫长的迂回道路，常常是达到目的的最短途径。"

强调最大最关键的理由

理由是说服人的关键，也是根本，因此我们在说服别人的过程中最具说服力的方法，就是强调最大最关键的理由。

多年以前，拿破仑·希尔曾应邀向俄亥俄州立监狱的服刑人发表演说。他一站上讲台，立刻看到眼前的听众之中有一位是他在十年前就已认识的朋友——D 先生，D 先生此前是一位成功的商人。

拿破仑演讲完毕后，和 D 先生见了面，谈了谈，发现他因为伪造文书而被判 20 年徒刑。听完他的故事之后，拿破仑说："我要在 60 天之内，使你离开这里。"

D 先生脸上露出苦笑，回答说："希尔，我很佩服你的精神，但对你的判断力却深感怀疑。你可知道，至少已有 20 位具有影响力的人士曾经运用他们所知的各种方法，想使我获得释放。但一直没有成功。这是办不到的事。"

大概就是因为他最后的那句话——"这是办不到的事"向拿破仑提出了挑战，他决定向 D 先生证明，这是可以办得到的。

拿破仑回到纽约市，请求他的妻子收拾好行李，准备在哥伦布市——俄亥俄州立监狱所在地，停留一段不确定的时间。

拿破仑的脑海中有一项"明确的目标"，这项目标就是要把D先生弄出俄亥俄州立监狱。他从来不曾怀疑能否使D先生获释。他和妻子来到哥伦布市，买了一处高级住宅，像要永久性住下去一样。

第二天，拿破仑前去拜访俄亥俄州州长，向他表明了此行的目的。

拿破仑是这样说的：

"州长先生，我这次是来请求你下令把D先生从俄亥俄州立监狱中释放出来。我有充分的理由，请求你释放他。我希望你立刻给他自由，为此我准备留在这儿，等待他获得释放，不管要等待多久。在服刑期间，D先生已经在俄亥俄州立监狱中推出一套函授课程，你当然也知道这件事：他已经影响了俄亥俄州立监狱中2518名囚犯中的1728人，他们都参加了这个函授课程。他已经设法请求获得足够的教科书及课程资料，而使得这些囚犯能够跟得上功课。难得的是，他这样做并未花费州政府的一分钱。监狱的典狱长及管理员告诉我说，他一直很小心地遵守监狱的规定。当然了，一个能够影响1700多名囚犯努力学习的人，绝对不会是个坏家伙。我来此请求你释放D先生，因为我希望你能指派他担任一所监狱学校的校长，这可使得美国其余监狱的16万名囚犯获得向善学习的良好机会。我准备担负起他出狱后的全部责任。这就是我的要求，但是，在您给我回答之前，我希望您知道，我并不是不明白，如果您将他释放，而且，您又决定竞选连任的话，这可能会使您失去很多选票。"

俄亥俄州州长维克·杜纳海先生紧握住拳头，宽广的下巴显示出坚定的毅力。他说："如果这就是你对D先生的请求，我将把他释放，即使这样做会使我损失 5000 张选票，也在所不惜……"

这项说服工作就此轻易完成了，而整个过程费时竟然不超过五分钟。

三天以后，州长签署了赦免状，D 先生走出监狱的大铁门，他再度恢复了自由之身。

拿破仑之所以能够成功地说服州长，和他的周密考虑和精心安排是分不开的。拿破仑事前了解到，D 先生在狱中的行为良好，对 1728 名囚犯提供了良好的服务。当他创办了世界上第一所监狱函授学校时，他同时也为自己打造了一把打开监狱大门的钥匙。既然如此，那么，其他请求保释 D 先生的那些大人物，为何无法成功地使 D 先生获得释放呢？他们之所以失败，主要是因为他们请求州长的理由不充足。他们请求州长赦免 D 先生时，所用的理由是，他的父母是著名的大人物，或者是说他是大学毕业生，而且也不是什么坏人。他们未能提供给俄亥俄州州长充分的动机，使他能够觉得自己有充分的理由去签署赦免状。

拿破仑在见州长之前，先把所有的事实研究了一遍，并在想象中把自己当作是州长本人思想一遍，而且弄清楚了，如果自己真的是州长，什么样的说辞才最能打动州长。拿破仑是以全美国各监狱内的 16 万名男女囚犯的名义，请求释放 D 先生的。因为这些囚犯可以享受到 D 先生所创办的函授学校的利益。他绝口不提他有声名显赫的父母，也不提自己以前和他的友谊，更不提他是值得我们帮助的人。所有这些事情都可被用来作为请求保释他的最佳理由，但和下面这个更大、更有意义的理由比较起来，就显得没有太大的意义。这个更大、更有意义的理由是，他的获释将对另外的 16 万名囚犯有很大的帮助，因为他获释之后，将使这些囚犯享受到他所创办的这个函授学校的好处。因此，拿破仑靠着这个最大、最关键的理由获得了成功。

怎么才能引出话题

与人交谈中，找话题如同写文章一样，有了一个好题目，往往会文思泉涌，一挥而就。请人办事，因目的性太强，往往会出现没话说的尴尬场面。此时，若能迅速找一个能与对方进行良好沟通的话题，无疑便有了一个成功的开端。那么，怎样找到能够使双方或多方顺利畅谈的话题呢？不妨从以下几个方面着手。

（1）面对众多的陌生人，要选择众人关心的事件为话题，把话题对准大众的兴奋中心。这类话题是大家想谈、爱谈、能谈的，人人有话，自然就说个不停，以致引起许多人的议论和发言，导致"语花"飞溅。

（2）巧妙地借用彼时、彼地、彼人的某些材料为题，借此引发交谈。有人善于借助对方的姓名、籍贯、年龄、服饰、居室等，即兴引出话题，常常取得好的效果。"即兴引入"法的优点是灵活自然，就地取材，其关键是要思维敏捷，能够由此及彼的联想。

（3）先提一些"投石"式的问题，在略有了解后再有目的地交谈，便能谈得略为自如。如在聚会时见到陌生的邻座，便可先"投石"询问："你和主人是老乡呢还是老同学？"无论问话的前半句对，还是后半句对，都可循着对的一方面谈下去；如果问得都不对，对方回答说是"老同事"，那也可谈下去了。

（4）问明陌生人的兴趣，然后投其所好顺利地进入话题。如对方喜爱象棋，便可以此为话题，谈下棋的情趣，车、马、炮的运用等。如果你对下棋略通一二，那肯定谈得投机；如果你对下棋不太了解，那也正是个学习机会，可静心倾听，适时提问，借此大开眼界。

引发话题方法很多，诸如"借事生题"法、"即景出题"法、"由情入题"法等。可巧妙地从事某事、某景、某种情感，引发一番议论。引发话题，类似"抽线头""插路标"，重点在引，目的在导出对方的话茬儿。

"对症下药"的说服艺术

通过对手显示出来的态度及姿态，了解他的心理，有效地捕捉他所发出的各种信息，分析研究，然后对症下药，可起到事半功倍的效果。

例如，对方抱着胳膊，表示在思考问题；抱着头，表明一筹莫展；低头走路，步履沉重，说明心灰气馁；昂首挺胸，高声交谈，是自信的流露；女性一言不发，揉搓手帕，说明她心中有话，却不知从何说起；真正自信而有实力的人，会探身谦虚地听取别人讲话；抖动双腿常常是内心不安、苦思对策的举动，若是轻微颤动，就可能是心情悠闲的表现。

当然，对请托对象的了解，不能停留在静观默察上，还应主动侦察，采用一定的侦察对策，去激发对方的情绪，才能够迅速准确地把握对方的思想脉络和动态，从而顺其思路进行引导。

针对不同的说服对象谈话或请托应考虑以下几个方面。

年龄差异。对年轻人宜采用鼓动性的语言；对中年人应讲明利害，供他们斟酌；对老年人应以商量的口吻，尽量表示尊重。

性别差异。男性需要采取较强有力的劝说语言；女性则可以温和一些。

地域差异。生活在不同地域的人，所采用的劝说方式也应有所差别。如对我国北方人，可采用粗犷的态度；对南方人，则应细腻一些。

性格差异。若对方性格豪爽，便可单刀直入；若对方性格优柔，则要"慢工出细活"；若对方生性多疑，切忌处处表白，应不动声色，使其疑惑自消，等等。

职业差异。要运用与对方所掌握的专业知识关联较紧密的语言与之交谈，对方对你的信任感就会大大增强。

文化差异。一般来说，对文化程度低的人所采用的方法应简单明确，多使用一些具体数字和例子；对于文化程度高的人，则可采用抽象说理方法。

兴趣差异。凡是有兴趣爱好的人，当你谈起有关他的爱好这方面的事情时，对方都会兴致盎然。同时，对你无形中也会产生好感，为你成功说服打下良好的基础。

"软磨硬泡"的说服艺术

有些人脸皮太薄，自尊心太强，经不住人家首次拒绝的打击。只要一受阻，就会脸红，感到羞辱气恼，要么与人争吵闹崩，要么拂袖而去，再不回头。

看起来这种人很有几分"骨气"，其实这是自尊过分脆弱，导致他们只顾面子而不能想办法达到目的，这样于事业无益。

因此，我们在求人时，既要有自尊，又不要过分自尊。为了达到交际目的，有时脸皮不妨厚一点，碰个钉子，脸不红，心不跳，不气不恼，照样微笑与人周旋，只要还有一丝希望就要全力争取，"软磨硬泡"。

"软磨硬泡"是一种特殊的求人术。它能以消极的形式争取积极的效果，可以表现自己不达目的不罢休的决心和毅力，给对方施加压力，也可以增加接触机会，更充分地表明自己的态度、思想和感情，以影响对方的态度，实现求人的成功。这种战术看似简单，里面的学问却不小，主要表现在以下几个方面。

第一，足够的耐心是"软磨硬泡"的前提和基础。当交际受阻出现僵局时，人们的直接反应通常是烦躁、失意、恼火甚至发怒，然而，这无助于事情的解决。你应理性地控制自己，采取忍耐的态度。

一方面，忍耐所表现的是对对方处境的理解，是对转机到来的期待和求人成功的自信。有了这种心境，你就能在精神上使自己处于强有力的地位，能够方寸不乱，调动自己全部的聪明才智，想方设法去突破僵局。即使消耗一定的时间也在所不惜。

另一方面，"软磨硬泡"消耗的是时间，而时间恰恰是一种武器。时间对谁都是宝贵的，人们最耗不起的是时间。所以，如果你以足够的耐心，摆出一副"打持久战"的架势与对方对垒时，便会对对方的心理产生震慑。以"泡"对"拖"，足以促其改变初衷，加快说服速度。所以，你要沉住气，耐心地牺牲一点时间，反而可以争取到更多的时间。

第二，"软磨硬泡"不仅要能"泡"，还要会"泡"。换言之，"泡"，不是消极地耗时间，也不是硬和人家耍无赖，而是要善于采取积极的行动影响对方、感化对方，促进事态向好的方向发展。

俗话说："人心都是肉长的。"不管双方认识上的差距有多大，只要你善于用行动证明你的诚意，就会促使对方去思索，进而理解你的苦心，从固执的框子里跳出来，那时你就将"泡"出希望。

第三，"软磨硬泡"中要适时巧言攻心。有时候你去求人，对方推着不办，并不是不想办，而是有实际困难，或心有所疑。这时，你若仅仅靠行动去"泡"，很难奏效，甚至会把对方"泡"火了，缠烦了，更不利于说服。

如遇这种情形，嘴巴上的功夫就显得十分重要了。要善解人意，抓住问题的症结，巧用语言攻心。

话是开心的钥匙。把话说到点子上时，就会敲开对方心灵的大门。

那么，"软磨硬泡"也就真正起到作用了。

如何有效地与对方接近

（1）投其所好。初次见面的人，如果能用心了解与利用对方的兴趣爱好，就能缩短双方的距离，而且加深给对方的好感。例如，和中老年人谈健康长寿，和少妇谈孩子、减肥以及大家共同关心的宠物等，即使对自己不太了解的人，也可以谈谈新闻、书籍等话题。

（2）说话平实。著名作家丁·马菲说过："尽量不说意义深远及新奇的话语，而以身旁的琐事为话题做开端，是促进人际关系成功的钥匙。"一味用令人咋舌与吃惊的话，容易使人产生华而不实、锋芒毕露的感觉。受人爱戴与信赖的人，大多并不属于才情焕发，以惊人之语博得他人喜爱的人。尤其对于一个初识者，最好不要刻意显出自己的显赫，宁可让对方认为你是个善良的普通人。因为一开始你就不能与他人处于同等的基础上，对方很难对你产生好感。如果你摆出一副高人一等的样子，别人也会用同样的态度对待你。

（3）避免否定对方。初次见面是建立良好人际关系的重要时期，在这种场合，对方往往不能冷静地听取意见、建议并加以判断，而且容易产生反感。同时，初见面的对象有时也会恐惧他人提出细微的问题来否定其观点，因此，初见面应当尽量避免有否定对方的行为出现，这样才能形成紧密的人际关系。当然，这并不是让你不提相反意见。你应尽可能地避免当着他的面提出，或者可以借用一般人的看法以及引用当时不在场的第三者的看法，这样就不会引发对方反射性的反驳，还能够使对方接受并对你产生良好印象。

（4）注意细节。在初次见面的场合中，如果有一方想结束话题，往往会有看手表等对方不易察觉的无意识动作。因此，当你看到交谈的对方突然焦躁地看着手表，或者望着天空询问现在的时刻，就应该及早结束话题，让对方明了你不是一个毫无头脑的人。你清楚并尊重他的想法，必能留给对方一个美好的印象。

（5）适时评价。心理学家认为，人是这样一种动物，他们往往不满足自己的现状，然而又无法加以改变，因此只能各自持有一种幻想中的形象。

他们在人际交往中，非常希望他人对自己的评价是好的，比如胖人希望看起来瘦一些，老人愿意显得年轻些。

（6）引导对方谈得意之事。任何人都有自鸣得意的事情。但是，再得意、再自傲的事情，如果没有他人的询问，自己说起来也无兴致。因此，你若能恰到好处地提出一些问题，定使他欣喜，并敞开心扉畅所欲言，你与他的关系也会融洽起来。

（7）以笑声支援对方。做个忠实的听众，适时地反映情绪，可以使对方摒弃陌生感、紧张感，从而发现自己的长处。尤其要发挥笑的作用，即使对方说的笑话并不是很好笑，也应以笑声支援，产生的效果或许会令你大吃一惊，因为，双方同时笑起来，无形之中产生了亲密友人一样的气氛。

（8）先征求对方的意见。不论做任何事情，事先征求对方的意见，都是尊重对方的表现。在处理某一件事中，身份最高的人握有当时的选择权，将选择权让给对方，也就是尊重对方。而且，不论是谁，都希望得到他人的尊重，决不会因此不高兴或不耐烦。

（9）记住对方"特别的日子"。当你得知对方的结婚纪念日、生日时，要一一记下来，到了那天，打电话以示祝贺，虽然只是一个电话，给予对方的印象却很强烈。尤其是本人都常忘记的纪念日，一旦由他人提起，心中的喜悦是难以形容的。

（10）选择让对方家人高兴的礼物。俗话说："射将先射马"，馈赠礼物时，与其选择对方喜欢的礼物，倒不如选择其家人喜欢的礼物。哪怕是一件小小的礼物给对方的妻子，她对你的态度就会改变，而收到礼物的孩子们更会把你当成亲密的朋友，你将得到全家人对你的欢迎。

（11）直呼对方的名字。我们都习惯在比较亲密的人之间才直呼名字，连名带姓地呼叫对方，表示不想与他人太过亲密的心理，所以，直呼对方的名字，可以缩短心理距离，获得意想不到的效果。

说服的过程中有七忌

1. 忌大话

生活中常常见到有的明明是主动找上门来求人，但为了顾全自己的脸面和维护个人的声誉，在介绍情况时，故意把大事化小，难题化易。有的还加上几句"像这样的问题我本来是完全可能解决的，只是由于种种客观原因，所以只好求你帮忙"之类的冠冕堂皇的话，这样求人帮助是没有好结果的。应如实讲明目前所处的困难和自己无力解决的实际情况，恳切地提出要帮助的请求。

2. 忌争辩

你喜欢和人争辩，是否以为你可以用议论压倒对方，就会得到很大的益处呢？其实，你不必压倒对方。即使对方表面屈服了，心里也必悻悻然，你一点好处也得不到。好争辩会损害别人的自尊心，使对方会对你产生反感，因此失掉一些朋友。好胜是大多数人的特点，没有人肯自认失败，所以一切争辩都是不必的。如果能够常常尊重别人的意见，你的意见也必被人尊重。如此，你所主张的，就会很容易得人拥护。你可以实现你的主张，你可左右别人的计划，但不是用争辩的方法来获取。

3. 忌质问

用质问式的语气来谈话，是最易伤感情的。许多夫妻不睦，兄弟失和，同事交恶，都是由于一方喜欢以质问式的态度来与对方谈话所致。除遇到辩论的场面，质问是大可不必的。如果你觉得对方的意见不对，你不妨立刻把你的意见说出，何必一定要先来个质问，使对方难堪呢？有些人爱用质问的语气来纠正别人的错误，这足以破坏双方的情感。被质问的人往往会被弄得不知所措，自尊心受到打击。尊重别人，是谈话艺术必须的条件，把对方为难一下，图一时之快，于人于己皆无好处。你不想别人损害你的尊严，你也不可损伤别人的自尊心。

4. 忌挑理

千万不要故意地与人为难，有的人专门喜欢表示自己与别人意见不同。这种处处故意表示自己与别人看法不同的人，和处处随声附和的人一样，都是不老实的。口才是帮助你待人处世的一种方法，没有人愿意做一个口才很好却到处不受欢迎的人。不要为了要表现你的口才，而到处逞能，惹人憎厌，口才一定要正确而灵活地表现。

5. 忌虚伪

对于你不知道的事情，不要冒充内行。不懂装懂是一种不诚实、自欺欺人的行为，知道多少，就说多少，没有人要求你是一本百科全书。即使一个很有学问的人，也必有所不知。所以，坦白地承认你对于某些事情的无知，这绝不是一种耻辱，相反的，别人会认为你的谈话有值得考虑的价值，因为你不虚伪，没有吹牛。

6. 忌直白

对方谈话中不妥当的部分，固然需要加以指正，但妥当的部分也须加以显著的赞扬，对方因你的公平而易于心悦诚服。改变对方的主张时，最好能设法把自己的意思暗暗移植给对方，使他觉得是他自己修正，而不是由于你的批评。对于那些无可挽救的过失，站在朋友的立场，你应当给予恳切的指正，而不是严厉的责问，使他知过而改。纠正对方时，最好用请教式的语气，用命令的口吻则效果不好。要注意保存或激励对方的自尊心。

7. 忌炫耀

不要对陌生人夸耀你的个人生活，例如你个人的成就，你的富有，或是你的儿子怎么了不起。不要在公共场合把朋友的缺点和失败当作谈话的资料。不要老是重复同样的话题，不要到处诉苦和发牢骚，诉苦和发牢骚并不是一种良好的争取同情的手段。

第八章
推销场上怎么说才站得住脚

亚里士多德说过:"愚者用他理说吾,智者用吾理说吾。"推销场上,得体到位的语言技巧非常重要,不仅有助于结交朋友,更能开拓业务,从而为事业的成功打下了牢固的基础。

有感情的话才能打动顾客

推销人员在访问客户时，从初次见面的客套话到告辞离开时，说话都必须通情达理，这是发挥推销人员能力的重要时刻，能否说服对方，关键在于说话。

有人说，心中有什么，话中就有什么。如果说话只是为了表达，那显然没有认识到说话的作用和它所能包含的内容。须知话为心声，才能"话贵情真"。

"顾客是上帝"，说此话的人真可称为智者。对于推销员来说，凡进门的人都是顾客，不管他们买的商品是多还是少，顾客都是上帝。因此，必须用待自己上司的语言和礼节来对待。即使与用户交往得很密切或已成知己朋友了，也不要忘记这一条，这是一条必须铭记的细则。

从"您好"到"再见"，自始至终都要用明快的口气接待所有的顾客。抱着鼓励对方的心情，发出有朝气的声音，要做到这两点并不难，无论是什么性格的推销员都能做到。

有诚意又热情洋溢地与对方说话，这在说话艺术中是最重要的。回答肯定的问题时要充满诚意地说一声"是"，愉快的声音传到对方的耳朵里，对方一定会受用的。

新闻广播时，播音员不带主观意识，不带感情，只是平实客观地述说，这是其职业的要求，但推销人员就不同了。一般来说，带感情说话是至关重要的。说话没有抑扬顿挫或不带感情时，听起来不但感到无聊乏味，而且使人感到冷酷。

有趣的话题使人听起来神清气爽，伤心的话题使人听起来直想落泪，恐惧的话题使人听起来毛骨悚然、浑身发抖。作为一位推销人员，要学会这套本领，不说则已，说就要说得活灵活现。

和客户交谈，不管是聊天还是商业谈判，都要有感情，这样才会有效果。不过，除非聊天，在一般情况下，尤其商业谈判时，必须抑制住自己或愤怒或悲伤的情绪。

"此时无声胜有声"的艺术

会说话的人都是会听话的人。

在日常会话当中，要做到会听是相当困难的，不要说会听，有的人甚至连互相交谈的最基本原则都做不到。对方一开口，立刻打断对方，自己却长篇大论地讲个不停，对方感到不快索性不说了，而他反而认为对方被自己说服了，因而得意扬扬，这样的人还真不少。通常自己的毛病是不太容易发现的。

日常会话是提高讲话艺术水准的舞台。推销人员应留心别人对话中的一些坏毛病，使之成为警惕自己的好材料。

在和对方的谈话过程中会听是很重要的一环，这是博得对方好感的一个秘诀。遗憾的是，不少推销人员急于推销商品，把对方所讲的话都当成耳边风，而且总是迫不及待地在商谈中提出问题或打断对方的话，或申述自己的观点。这些都是不适当的。欲速则不达，如果想使交易成功，顾客长篇大论时是成功到来的有利时机，你应该为此高兴，所以当对方滔滔不绝地说时，应该立刻提起精神来倾听，并不时兴趣盎然地说："后来呢?"以催促对方继续往下说，要用好像听得出了神的样子去倾听对方的谈话。

对于喜欢说话的顾客，推销人员只要洗耳恭听，他就会笑容满面，在这种情况下，当对方关住话匣子时，紧接着很可能说："就这么决定了，我们订合约吧！"即使签不了合约，他也会很高兴地等待着你的下一次来访。

通俗易懂才是最好的对话

有的人喜欢说一些难懂的话，用一些偏僻、文绉绉的字眼，显得自己好像很有学问；有人出口成"脏"，并已成为习惯，不但不以为耻还自鸣得意；也有人故意使用一些对方听不懂的成语典故，还误认为对方会觉得自己说话简洁、口齿清晰、很有学问。

例如，对顾客说："雨后万物更新，令人心旷神怡。"尽管本人挖空心思，咬文嚼字，但对方却不知"心旷神怡"是怎么解释，还是"雨过天晴，空气清爽，真痛快啊。"较好，既亲切又易懂。

如果对方个性很强，对一些难懂的话他又能立刻明白的话，那么他可能会感兴趣，觉得"这小子可真行"。

如果对方不明白你说的是什么意思，他一定会反感地说："你到底说些什么？乱七八糟的。"

尤其是一些大公司的推销人员喜欢在会话中用一些不常用的外来语（主要是英语），虽说言语丰富是一个优点，但是，如果对方听不懂，就会感到不知所措和难为情。因此，有乱用外来语怪癖的人必须适可而止。有一些不正常的话，估计对方可能听不懂但又不能不说时，该怎么办呢？那就尽量不要伤害对方的自尊心，用较温和的方式表达。

有的人吹毛求疵、故弄玄虚、说话带刺，这很令人讨厌，推销人员应引以为戒。

在与顾客谈话的过程中，除非是难懂的专有名词，一般来说应尽可能使用忠实本意且通俗易懂的语言，只有这样，才能使对方感到亲切。

语言的选择至关重要。俗话说："酒逢知己千杯少，话不投机半句多。"这句话告诉了我们，如何去博得顾客的欢心，语言的选择可说是至关重要，缺之不可。

1. 边考虑对方的立场边选择你所要讲的话

语言可以沟通人们之间的想法，也能伤害对方的自尊心，说话的一方往往觉得无所谓，但是，往往因自己用词不当刺伤了对方的自尊心，进而使双方关系恶化。上述情况在我们日常生活中经常发生。

说话的一方虽无恶意，但对方却有受侮辱、被讽刺和被取笑的感觉，这主要是因为说话的一方在说话时欠考虑，没有注意到措辞，上述情况对于推销人员来说尤其重要。当对方说话之前，一定要自始至终做好应对的准备："我要怎么说才能不伤害对方的自尊心呢？"

例如：

您到一家商店拜访，当时这家商店没有顾客上门，在这种情况下如果开玩笑说："哎呀。怎么安静得好像是要倒闭似的。"（鸦雀无声）虽说是开玩笑，但对方听起来就会很不舒服，言下之意是您要他的店早点关门，那人家怎么喜欢你呢？

这时候，您最好说："难得有空呀。我看下午顾客就会很多吧，到时候有您忙的了！"（如果是上午去）然后一边说一边看对方的反应如何。

2. 不要伤害对方的自尊心

顾客当中什么性格的人都有，有的很任性，有的性子急，有的爱发脾气，有的说话带口头禅。作为一名推销人员，要和各种各样的人打交道，如果老是用自己所固定的那种调子谈话，就无法和所有的人谈得来，弄得不好，还会遭到对方的"白眼"，有的还没进入商谈阶段就已被对方拒绝了。

面对上述情况，要不断地检查自己的言辞并及时地做出决定；在冷场之前就迅速地转换话题，以便使会谈顺利地进行下去。在聊天时，有时因讲了些有趣的话而使对方捧腹大笑，可是一旦进入商业谈判氛围则往往会急转直下，双方也会激烈地争论起来。因此，不管在什么场合都不允许自己失言或失态。如果失去控制或出言伤人，把对方给惹恼了，对方就会从此拒绝跟你往来。

为此，优秀的推销员在和客户商谈时，一定会绞尽脑汁地选择用语。不过讲话时过于恭敬或乱用警语也不行，要用通俗易懂、诚实且令人感到亲切的语言，只有这样才能取得成功。这些看上去好像很难，其实只要有心，谁都能做到，只要多练习就能够具有和任何顾客打交道的能力。

另外，学会了上述方法并成为习惯，不仅对客户，而且对上司、对同事讲话时也同样有用。这里再提醒一次，谈话时，请注意措辞，千万不要伤害对方，切记。

适当的恭维也是一种美德

那些认为推销工作需要低三下四的人，一想到要成天讲些言不由衷的奉承话就不舒服。尤其是年轻又思想单纯的人可能对此特别反感。的确如此，露骨的恭维话使双方感到不愉快，而逢迎拍马的人也往往被人所轻蔑。

有的时候恭维别人是一种美德，但不要说些不是出于内心的话。只要用词得体或是发自自己内心深处的由衷之言，对方一定会非常高兴的。

每个人都有自尊心，也总是希望别人能对自己的长处给予肯定。如果你能把握这一点，满足对方的这种欲望，那你就能取得成功，对方还会认为你是个会体谅别人的人，说不定他能把"心"也交给你。

对于客户只要是措辞得体的恭维就可以大胆地说，可以恭维客户本人，譬如说容貌、体格、性格、人品、兴趣及爱好等，另外还可以恭维对方家里的人，对方公司的职员，店铺的布置、装饰，对方公司的发展等。

当场的感觉更值得竭力恭维，这样一来不但气氛会变得活跃，而且会谈也能顺利地进行。不习惯做这种事的人在恭维对方时会很不自然，建议你在开始时先不要去考虑后果，只要想"我如何说对方才会高兴呢?"接下来就选择对方爱听的话说，时间一久就学会了。

熟练之后即可灵活运用，有时好像非常佩服似的大肆恭维对方，有时则故意用直率甚至硬邦邦的语言顶撞对方几句，只要运用得好，都会有好的效果。

关于恭维的要领只要亲自体验几次就会学会，不必去请教别人。

"寒暄"开场的艺术

一般来讲，寒暄是推销员与顾客进行沟通的第一关，寒暄得当，推销的第一道门也就应声而开，如拜访某公司或某顾客，当双方交换名片之后，在对方说一声"请坐"之后坐下，坐下之后，不要急于将对方的名片装进口袋，应放在自己座位前面的茶几上或桌子上，以便于利用这段时间记住对方的职务和姓名。

有时候对方主动找话题，在这种情况下只要顺着对方的话题发挥就是了。但一般来讲应该自己先开口，譬如：

"百忙中来打扰您，真不好意思。"

如果事先没有预约则可说："也没有事前跟您打个招呼就来了，很对不起。"

如果是刚上班，则可以说："一大早就来打扰您，真对不起。"

如果是下午3点之后，则说："这么晚了还来打搅您，真对不起。"等等。

接下来说一些关于时节之类的客套话，或祝福对方事业兴旺之类的客套话等。

有经验的推销人员可以省略上述老套，来一些别开生面的开场白，譬如可以从进公司第一印象说起：

"贵公司的员工真了不起，使我大吃一惊。"对方接下来可能会问："从何说起呢?"你不妨答："连我这样的人都受到如此热情的接待，可见一斑。"对方听到赞美他们公司的话一定会乐在心里的，如此一来也为下面的话题创造了一个良好的气氛。

　　不过上述开场白如果运用得不恰当的话就容易闹出麻烦来，所以新手最好不用，等有了经验之后再用。

　　除非对方催促或没有时间，否则开场白仅三言两语就草草了事的话并不一定好，在双方气氛尚未融洽之前进入主题的话，效率也一定很低，所以不能操之过急。

　　在对方接待室会谈的时间一般来讲以三四十分钟为宜，但是，这也要看当时的具体情况，当你得知对方很忙，或者对方员工频繁地进进出出，像在商量什么事情似的，或者对方坐不住，像有什么事的样子，或者另有客人在等着对方接见等，那就要针对当时的情况及时地采取措施，即使没有谈完也要体谅对方，先行告辞，以便改日再谈。

　　谈话时若有人为你端来茶或咖啡，要小声地说一声"谢谢"并点头致谢，这虽是常识，但商谈进入高潮时往往容易被忽略。对端茶的人有礼貌的话，很容易取得对方的好感，也有利于谈判的气氛，可别小看这些小动作。

　　相互问候之后进入商业谈判之前往往有一个"冷场"的时间，如何处理好这段时间较为困难，如果把见面时的开场白作为谈话的第一步战略，那么这个时间的谈话就算是第二步战略了。这时，要尽快地引出让对方很感兴趣的话题，这对于谈判的成功是相当重要的。

　　访问之前，如果你搜集了对方的有关资料，为第二步战略做好了充分准备的话，谈话时就可以得心应手、滴水不漏，若没有掌握对方这一方面的资料，也不知道对方的兴趣、爱好或经历，就一定要千方百计地想办法寻找共同的话题。例如，称赞茶、咖啡等饮料味道好，办公器具高雅别致，椅子沙发高级等。当你说"你的沙发真有点总经理的派头"时，对方会微微一笑，觉得你这个人挺有意思的。墙壁上如果挂有匾额或字画的话，就可问："您喜欢字画吗？"总而言之，只要认真观察琢磨，周围可作为话题的实在很多。

电视新闻、体育比赛也可以作为话题。譬如在世界杯期间，可问对方："您喜欢看足球吗？"如果对方回答"喜欢"，则可以进一步问："您喜欢哪一支球队？"进而还可拿昨天比赛的胜负作为话题。

对方可能是球迷，也可能因昨天自己喜欢的那支球队输了球而心情不佳，也有的人可能因工作繁忙或者没有兴趣而对体育比赛漠不关心，所以自以为是地乱发挥是不行的。聊天时要注意观察对方的表情及反应，若对方不感兴趣则要及时变换话题。

初次见面就谈得投机的话接下来就比较顺利了。一般说来这种情况下应说一些高兴的事，不要讲一些令人丧气的事。如果对方天南地北地说个不停，那你就要好好听着，再根据时间及情况，顺理成章地把话题转入正题。

推荐几种推销的口才技巧

在市场经济中，推销商品是企业走向市场的重要途径。

推销的过程，实际上是推销人员运用各种推销技巧，说服顾客购买其商品或服务的过程。俗话说："十分生意七分谈。"谈生意主要是一个"谈"字，"谈"就是口才交际过程。下面就介绍几种推销口才技巧。

1. "诱"的技巧

一般来说，推销员推销商品，是在短时间内完成的。在短短几分钟里，你的话能留得住顾客并打动他的心，生意就成交了；留不住，一笔买卖就吹了。此外，在市场竞争中，突出自己，把顾客吸引到自己的身边，也需要与众不同的鲜明的语言。所以，推销人员的话应具有强烈的诱惑性和渲染色彩。例如：

在集市上，鱼贩子早晨高声叫"新鲜活鱼，两元一斤"，极力突出"新鲜"二字。下午则变成"快来买呀。一元钱两斤"，这是突出便宜的信息。

2. "激"的技巧

当用户产生购买商品的欲望，但又犹豫不决的时候，适当使用激的技巧，激发对方的好胜心理，促其迅速做出决断，但要把握好度。

3. "比"的技巧

俗话说："不怕不识货，就怕货比货。"我们在推销的时候，带来合适的同类产品或假冒伪劣产品进行对比，让客户在对比中产生差别感觉，这样就会增加你的说服力。但在比的过程中要以事实为依据，不能言过其实。

4. "问"的技巧

在推销的过程中，我们经常发现有的顾客会不假思索地拒绝推销，因此，"推销是从拒绝开始的"这话半点不假。

遇到这种情况，推销员不应"退避三舍"，而应"迎难而上"，这时，巧妙设问是关键。提问，可以消除双方的强迫感，缓和商谈气氛，摸清对方底牌；可以确定推销过程进行的程度；可以了解顾客的障碍所在，寻找应对措施；可以留有情面地反驳不同意见……提问是推销应对口才最有力的手段，一定要熟练掌握、运用。

5. "演"的技巧

有的问题如果仅凭语言还难以让顾客明白，那就要采用实物、图片、模型等来加以说明和演示。小的商品可以随身携带，在顾客面前充分展示。而大的商品如电器、汽车、机床等，或抽象的商品如证券、劳务、服务等，因无法随身携带，需要将其好处具体化、形象化。必要时请顾客亲临现场，将商品的功能、特点、使用方式逐一演示，充分展现商品的魅力，这比言辞说明更有吸引力和说服力。例如一位推销员走进客户的办公室，向主人打招呼以后，指着一块粘满油渍污垢的玻璃，有礼貌地说："请允许我用带来的清洁剂擦一下。"结果，由于不用水就毫不费力地把玻璃擦得干干净净，从而引起了客户的兴趣，于是生意便很快做成了。

6. "贴"的技巧

有人说，"一句贴心话，招来万户客。"这话十分有道理。

在推销商品中，一句贴心话，会使顾客"忘记"你是推销员，而把你当成他们的知心朋友；一句贴心话，可以缩小你与顾客之间的距离，使顾客对你言听计从。这样，既为产品打开了销路，又交了朋友，帮助了顾客，最终也帮助了自己。

第九章
谈判桌上怎么说才站得住脚

谈判的过程中，谁掌握了谈判策略谁就站在了有利地位，继续谈判就能给自己创作更多的有利条件，促使谈判成功的可能性更高。

谈判前的"谈判"策略

任何谈判都始于开局导入阶段，在此期间，谈判双方见面、寒暄、打招呼、相互问候、谈论一些与谈判无关的轻松话题。

表面看来好似无关紧要的寒暄，虽然本身并不正面表达某种特定的意思，被人们称为非实质性谈判现象，但是它在整个谈判中的作用却是不可缺少的。

首先，要使谈判顺利地进行，就必须先要营造友好的、和谐的谈判气氛，寒暄正是营造这种气氛的契机。谈判者主动与对方招呼、寒暄，就等于在向对方宣布：我坦率地打开心扉，我愿意与你建立良好的合作关系。这样做，自然很容易获得对方的好感，消除谈判双方的紧张情绪和敌对戒备心理，使双方都能以轻松的姿态开始谈判。

寒暄不仅可以营造友好和谐的谈判气氛，而且也是谈判之始观察对方情绪和个性特征，获取有用信息的好方法。有这样一个案例：

日本松下电器公司创始人松下幸之助先生"出道"的时候，就曾被对手以寒暄的形式探测到了自己的底细，因而使自己产品的销售大受损失。

当他第一次到东京找批发商谈判时，刚一见面，批发商就友善地与他寒暄说："我们是第一次打交道吧？以前我好像没见过您。"批发商想用寒暄托词，来探测对手究竟是生意场上的老手还是新手。松下先生缺乏经验，恭敬地回答："我是第一次来东京，什么都不懂，请多多关照。"正是这番极为平常的寒暄答复却使批发商获得重要的信息：对方原来只是一个新手。批发商接着问："你打算以什么价格出卖你的产品？"松下又如实地告知对方："我的产品每件成本是 20 元，我准备卖 25 元。"

批发商了解到松下幸之助在东京人地两生，又暴露出急于要为产品打开销路的愿望，因此趁机杀价："你首次来东京做生意，刚开始应该卖得更便宜些，每件 20 元如何？"没有经验的松下先生在这次交易中吃了亏。究其原因，是那位老练的批发商通过表面上的寒暄探测到对方的虚实，在谈判中赢得了主动。而松下先生由于在寒暄试探之中暴露了自身的底细，从而导致了被动与失利。因此，在双方寒暄之时就要避免无意之中自身关键信息的泄露。

当然，一个有经验的谈判者能透过相互寒暄时的那些应酬话，去掌握谈判对象的背景材料：他的性格爱好、处事方式、谈判经验、工作作风，等等。进而找到双方的共同语言，为相互间的心理沟通做好准备，这些都是对谈判成功有着积极意义的。

正是基于对寒暄所起作用的认识，人们应该着意选择寒暄的话题。

最容易引起对方兴趣的话题莫过于谈及专长。被美国人誉称为"销售权威"的霍伊拉先生，就很善于这样做。一次，霍伊拉要去梅依百货公司拉广告，他事先了解到这个公司的总经理会驾驶飞机。于是，他在和这位总经理见面互做介绍后，便随意说了一句："您在哪儿学会驾驶飞机的？"一句话，触发了总经理的谈兴，他滔滔不绝地讲了起来，谈判气氛显得轻松愉快，结果不但广告有了着落，霍伊拉还被邀请去乘坐了总经理的自用飞机，和他交上了朋友。

谈判时怎么准确表达

陈述是谈判的主要内容，也是实现谈判目的最重要的手段。谈判者在整个谈判过程中，必须对自身严格约束，不允许有任何自由主义作风。这就要求谈判者在陈述时既不能信口开河，又不能把对方想知道的情况坦诚相告，而且还要准确地表达自己的观点与见解，并表达得有条有理、恰到好处。

1. 转折语

转折语是谈判中陈述某种观点的技巧之一，谈判中如遇到问题难以解决，或者有话不得不说，或者接过对方的话题转向有利于自己的方面，都要使用转折用语。

例如"可是""但是""虽然如此""不过""然而"等，这种用语具有缓冲作用，可以防止气氛僵化。既不致使对方感到太难堪，又可以使问题向有利于自己的方向的转化。

2. 解围语

当谈判出现困难，无法达成协议时，为了突破困境，给自己解围，可以运用解围用语。例如："真遗憾，只差一步就成功了。""就快要达到目标了，真可惜。""行百里者半九十，最后的阶段是最难的啊。""这样做，肯定对双方都不利。""再这样拖延下去，只怕最后结果不妙。""既然事情已经到了这个地步，懊恼也没有用，还是让我们再做一次努力吧。"

这些解围用语，有时能产生较好的效果，只要双方都有谈判诚意，对方可能会接受你的意见，促使谈判的成功。

3. 弹性语

无论何种谈判，话不能说得太过，更不能说得太死，对不同的谈判者，应因人而异。如果对方很有修养，语言文雅，己方也要采取相似语言，谈吐不凡。如果对方语言朴实无华，那么己方用语也不必过多修饰。如果对方语言爽快、耿直，那么己方就无须迂回曲折，也应打开天窗说亮话，做到干脆利落。

总之，在谈判中要根据对方的学识、气度、修养，随时调整己方的说话语气、用词。这是双方沟通思想、交流感情的有效方法。从人的听觉习惯去考察，在某一场合，他对听到的第一句话与最后一句话，常常能留下很深的印象。在谈判中假如你以否定性话语来结束会谈，那么，这否定性话语会给对方一种不愉快的感受，并且印象深刻。同时，对下一轮谈判将会带来不利影响，甚至危及上一轮谈判中谈妥的问题或达成的协议。所以，在谈判终了时，最好能给予谈判对手正面的评价。

例如："您在这次谈判中表现很出色，给我留下了深刻的印象。""你处理问题大刀阔斧，钦佩，钦佩。"不论谈判结果如何，对参与谈判的人来说，每一次谈判都是谈判各方的一次合作过程。

因此，一般情况下谈判结束时对对方给予的合作表示谢意，既是谈判者应有的礼节，对今后的谈判也是有益的。

谈判时的提问指导

在谈判中，获得信息的一般手段是提问。为了解对方的想法和企图，必须十分机警，利用各种方法和技巧去探知对手的需要。通过提问，除了可以从中获得众多的信息之外，还常常能发现对方的需要，知道对方追求什么，这些都对谈判有很大的指导作用。

不同的谈判过程，获得信息的提问方式不同。一般提问有以下几种方式：

一是一般性提问，如"你认为如何？"等。

二是直接性提问，如"谁能解决这个问题？"等。

三是诱导性提问，如"这不就是事实吗？"等。

四是探询性提问，如"是不是？""你认为呢？"等。

五是选择性提问，如"是这样，还是那样？"等。

六是假设性提问，如"假如……怎么办？"等。

这六种类型的提问方式，是有用的谈判工具，我们必须有选择地、灵活地运用这一工具。

首先，提问题要恰当。

如果提问题规定的回答方式能够得到使对方接受的判断，那么这个问题就是一个恰当的问题，反之就是一个不恰当的问题。所以，在磋商阶段，谈判者要想有效地进行磋商，首先必须确切地提出争论的问题，力求避免提出含有某种错误假定或敌意的问题。下面这个故事可以说明提出恰当问题的重要性。

有位信徒问一位牧师："我可以在祈祷时吸烟吗？"他的请求遭到严厉的拒绝。另一位牧师再问同一位长老说："我可以在吸烟时祈祷吗？"因为提出问题的措辞不同，投长老之所好，他被允许了。

其次，问题要有针对性。

也就是说一个问题的提问要把问题的解决引到某个方向上去。在磋商阶段，一方为了试探另一方是否有签订合同的意图，是否真正需要这种产品，谈判者必须根据对方的心理活动运用各种不同的方式提出问题。比如，当买主不感兴趣、不关心或犹豫不决时，卖主应问一些引导性问题："你想买什么东西？""你愿意付出多少钱？""你对于我们的消费调查报告有什么意见？""你对于我们的产品有什么不满意的地方？"……提出这些引导性的问题后，卖方可根据买方的回答找出一些理由来说服对方促成对方与自己成交。

例如，卖方看到买方对他们生产的洗衣机不太满意，就问对方在哪些方面不满意。

买方答："我不喜欢产品的外形，看上去不结实。"

卖方说："如果我们改进产品的外形，使之增加防腐能力，你会感到满意吗？"

买方答："就这一点而言，那当然好，不过交货时间太长了。"

卖方问："如果我们把交货时间缩短，你能马上决定购买吗？"

买方答："完全可以决定。"

这样，卖方针对买方的要求，提出一些可供商榷的问题，使买方接受了自己的观点。

提出问题是很有力量的谈判工具，因此在应用时必须审慎明确。问题决定讨论或辩论的方向，适当的发问常能指导谈判的结果。发问还能控制收集情报的多寡并可以刺激你的对手慎重地考虑你的意见。为了答复你的问题，你的对手不得不想得深入一点——他会更谨慎地重新检测自己的前提，或是再一次评估你的前提，审慎运用问题，使你能轻易地引起对手立即的注意，使之对问题保持持久的兴趣。此外，经常地提出问题，你的对手会被导向你所期望的结论。

谈判时如何应答

有问必有答。问与答构成了人们语言交流的重要形式。

谈判中的问答，更是一个证明、解释、反驳或推销本方观点的过程。"问"有艺术，"答"也有技巧。问得不当，不利于谈判；答得不好，同样也会使己方陷于被动。通常，同样的问题会有不同的回答，而不同的回答又会产生不同的谈判效果。在谈判桌上，发问者的提问动机是十分复杂的，而答复者的回答同样需要十分谨慎。它不同于日常生活中的一般问答，也不同于学术研究或知识考试中的回答，一般不以正确与否来论之，而是基于谈判效果的需要，要准确把握住该说什么，不该说什么，以及应该怎样说。因此谈判者要十分讲求谈判中答复的原则与技巧。虽然，我们不能肯定地说学会了答复就等于学会了谈判，但是可以肯定地说，不会回答，就等于不会谈判。在某种程度上，答比问更为重要。

在谈判中，人们应该遵循的答话原则有以下几种：

1. 回答问题之前，要给自己留有思考时间

在谈判中，提问者提出问题，请求对方回答，很自然地会给答话者带来一种压力，似乎非马上回答不可。很多人有这样一种心理，就是如果在对方问话与己方回答问题之间停留的时间越长，就越容易给对方以己方对这个问题没有考虑和准备的感觉。而对答如流，就显示出己方的准备很充分。其实，在谈判的过程中对问题回答得好与坏，不是看你回答的速度快慢，它与竞赛抢答是性质截然不同的两回事。

面对对方的提问，谈判者应该给自己留一些思考的时间，搞清对方提问的真实意图，再决定自己的回答方式和范围，并预测在己方答复后对方的态度和反应，考虑周详之后再从容作答。如仓促回答，很容易进入对方预先设下的圈套，或是暴露本方的意图而陷于被动。可以借鉴的经验是，在对方提出问题之后，你可以点支香烟或喝口茶水，或调整一下自己的坐姿，也可以挪动一下椅子，整理一下桌子上的资料文件，或翻一翻笔记本，借助这样一些很自然的动作来延缓时间，考虑一下对方提出的问题。对方看见你这些得体自然的举动，自然也就减轻和消除了上述的心理感觉。

2. 不要随便回答没有了解真正含义的问题

谈判者为了获取信息，占据主动，自然会利用提问来套取有利于他的信息，所以问话中往往深藏"杀机"，如果贸然作答，很可能会掉进陷阱。因此，在不了解问话的真正含义之前，千万不要贸然回答，以免暴露己方的底细，把不该说的事情说出来。在谈判中，答话一方的任何一句话都近似于一句诺言，一经说出，在一般情况下很难收回，因此，对问题一定要考虑充分，字斟句酌，慎重回答。

3. 不要"全盘托出"，毫无保留地作答

在谈判中有时回答越明确、全面，就越是愚笨，回答的关键在于该说什么、不该说什么。有些问题不值得回答，有些问题只需局部回答，如果你老老实实地"全盘托出"，就难免暴露自己的底细，给己方造成被动。同时，当你"全盘托出"之后，对方不需继续提问就获得了对他们有用的信息，这样就堵塞了对方向你继续反馈交流的通道。

一般情况下，当对方提出问题，或是想了解我方的观点、立

场和态度，或是想确认某些事情时，我们应视情况而定。对于应该让对方了解，或者需要表明我方态度的问题要认真做出答复，而对于那些可能有损己方利益或无聊的问题，则不必做出回答。总之，谈判者为了避免答复中的失误，可以自己将对方问话的范围缩小，或者对回答的前提加以修饰和说明，以缩小回答的范围。

4. 尽量减小对方追问的兴致和机会

在谈判过程中，提问者常常会采取连续提问的方式，环环相扣，步步逼紧，使答话者陷于被动，落入他们的圈套。因此，谈判者在进行答复时尽量不要留下尾巴，授人以柄，让对方抓住某点继续提问，而要尽量遏制对方的进攻，使其找不到继续追问的借口。例如在答复中点明"我们考虑过，情况没有你说得那么严重"来降低问题的意义；或是表达"现在讨论这个问题还为时过早"，以时效性来抑制对方的追问等。

答话虽然受到问话的限制，在谈判中处于被动地位，但是一个优秀的谈判者可以通过巧妙的答话，变被动为主动，在谈判中抢占上风。

在《新约约翰福音》中有一个故事：犹太人的教师和法利赛人带来了一个在通奸时被抓到的女人，当众问耶稣："按摩西的法律，这犯奸淫罪的女人应该用石头打死，你说怎么办？"这是法利赛人设下的圈套。耶稣如果不同意，那就违反了摩西的法令；假若同意，声称为"救世主"的耶稣就要对打死人负责。耶稣回答说："你们中谁没有犯过错误，谁就拿石头砸死她吧。"众人反躬自问，都觉得自己并不干净，一个个走开了，那个女人由此得救。这正是耶稣在回答中巧妙地提出附加条件，才使问题解决得十分圆满，无懈可击。

谈判过程中如何打破僵局

打破僵局还需要运用一定的策略，用策略去打破僵局，不但有利于谈判的顺利进行，而且还可能取得谈判的主动权，为取得有利的谈判成果夺得先机。一般认为，在谈判中出现僵局时，可采取以下策略。

（1）首先要头脑冷静，切不可言语冲动，刺激对方。"良言一句三冬暖，恶语伤人六月寒"，言辞尖刻会形成感情对立，对打破僵局极为不利。

（2）更换谈判团成员。让可能刺激对手的成员离开。非常有经验的谈判家不会触怒对方而被要求离开，因为他可能要在换人策略中扮演很重要的角色。现在是减轻对方压力的时候了，可以让这些人从你的团队里离开，做出让步。

（3）用不同的方法重新解释问题；提供新的理由、新的信息以探讨更广泛的问题；找到一个桥梁，使需求部分达成某些方面的一致。

（4）谈论一些轻松的话题，或者讲一则娱乐新闻，或者讲一个有趣的故事，以此来缓解紧张气氛。

（5）审查过去或将来的需求，一同揣摩达不成协议的后果，然后制定补救方略。

（6）由双方人员建立一个特别工作组，有针对性地解决问题。

（7）提出有附加条件的建议，使双方都有妥协的理由，进而使谈判顺利进行。

（8）采取暂时休会的方式使双方冷静头脑，整理思路，寻求解决策略。对己方来说，在休会前最好对自己的方案再进行一次详尽的解释，提请对方在休会时进一步考虑。

（9）试着改变谈判室的气氛。如果谈判中关于双赢的重点已陷入低调，试着将它变得更具竞争性。如果谈判已很难控制，试着打开更多的双赢通道。

（10）对双方已谈成的议题进行回顾总结，消除僵局造成的沮丧情绪。或者先谈双方较易达成一致的议题，待双方都有一定满足感后再谈僵局中的问题。比如，可以鼓励对方："看，我们已经解决了许多问题，现在就剩这些了，如果不一起解决的话，那不就太可惜了吗？"

"多听"是谈判的首要步骤

参与谈判的双方通常是在谈判桌上首次见面，而这第一回合正式接触，则是一次观察对方的良机，因此，必须留意对方的表情、动作，找出他的特殊习性，以迅速获得正确的资料，如此才能决定该采取什么样的谈判战术和技巧。

从与谈判对手有所接触的人身上取得资料，对于"熟识敌情"非常重要。

如果这个第三者与谈判对手有深交，他所提供的资料尤其具有参考价值，但这也可能是一陷阱。所以，你必须考虑到下面两种情况。

（1）资料的提供者对你的谈判对手是否存有误解或偏见？而他本身是个喜欢夸大其词的人？如果是，就不要轻易相信你所取得的资料了。

（2）资料的提供者是否与你的谈判对手私下串通好了，故意暴露一些假情报给你，引诱你误入歧途？这也并非不可能。

在谈判前，对于谈判对手的访谈录、演讲稿及其他相关资料，必须详细研究。访谈记录和演讲稿所传达的信息比较直接，更应该多加重视。如当你代表员工，将要与公司方面就有关重新制定工资问题进行谈判时，在搜集资料的过程中，发现了该公司董事长在以前的会议中，曾说了这么一段话："我从未受过正规的教育，能有今天，完全是我多年来不断奋斗、不向困难低头的结果。如今公司的经营已经上了轨道，在同行中也占有一席之地，我感到由衷的高兴。"

如何把这段话运用到谈判之中呢？公司的运营状况以及在同行中的地位，可以从企管杂志或有关报道中得知。但是，董事长个人的身世背景及经营理念，就只能"道听途说"了，这有时对谈判的结果具有极大的影响。不过，现在你已经掌握住了相当重要的一点——"我从未受过正规教育"。在劳资双方的谈判中，最容易引起争议的是有关支付体系以及工资的附加给付问题。而对这些专业性的问题，可以假设，董事长由于未受过正规教育，所以了解不多。在这样的情况下，出面与你交涉的，可能是董事长特别聘来的专家。那么，你所要对付的，就是这些专家，而非董事长本人了。只要专家肯接受你的提议，董事长自然无话可说。当然，董事长未受过正规教育不代表他不懂专业性问题，所以从谈判一开始，你就必须仔细地观察，以检测自己的判断是否正确。另外，董事长是个不断奋斗，不向困难低头，历尽千辛万苦，而后才获得成功的人——这种人通常是不会轻易接受员工要求的。白手起家的人总有一种观念：

不能让步，万一让步，多年的努力成果，便会毁于一旦。所以，你必须准备足够的资料，并且设法让董事长明白，员工的要求不但不会阻碍公司的成长，反而会对公司的未来发展做出贡献。

由此可见，在面对面的谈判中，多听是谈判者的基本功。不仅仅是多听，更要用心去感受，除了听出对手谈话的直接内容，更要听出对方的"弦外之音"。如果连听都没有听明白，自然就无法去理解和回答对方的问题了。

巧用一些常见口头语

在谈判中，巧妙运用一些常见的口头语，会起到特殊的谈判效果。

1. "顺便说说"

一个说"顺便说说"的人，意即某事突然出现于心田，他想赶快告诉你以免遗忘。此用语暗示是这句话不重要。可是实际上，使用这用语的人真正要说的是，讨论中的论点对他们是很重要的，请注意听。

2. "坦白地说"

这个措辞很奇特。逻辑上，以"坦白地说"开头的论点暗示着对方在其他论点上并不坦白、诚实。不过，使用此措辞的人真正要表达的是："你要特别留心我即将要说的话，因为我认为这句话很重要。"此措辞并不和坦白、诚实有绝对相关之处，只是一条线索，表明你的对手将要说些重要的话，值得你注意聆听。

3. "在我忘记之前……"

此措辞类似于"顺便说说"，表面看来并不重要，不过隐藏着对手很重要的论点。如果你仔细想想，会觉得此措辞实在荒谬可笑，不过它被使用的频率颇高，谈判者应视它为信号，表示就提及对谈判来说颇重要的事。

4. "不过……"

这是在谈判中经常被使用的一种说话技巧。有一位著名的电视节目主持人在访问某位特邀嘉宾时，就巧妙地运用了这种技巧："我想你一定不喜欢被问及私生活，不过……"这个"不过"等于一种警告，警告特邀嘉宾虽然你不喜欢，不过我还是要……在日常用语中，与"不过"同义的，还有"但是""然而"等，以这些转折词作为提出质问的"前导"，会使对方较容易作答，同时又不致引起其反感。"不过"具有诱导对方回答问题的作用。前面所说的那位主持人，接着便这么问道："不过，在电视机前面的观众，都热切地希望能更进一步地了解有关你私生活的情况，所以……"被如此巧妙地一问，特邀嘉宾即使不想回答，也难以拒绝了。

5. "如果……那么……"

策略能使谈判的形式不拘泥于固定模式，用在谈判开始时的一般性探底阶段，效果是相当明显的。例如，在谈判中，不断地提出如下种种问题："如果我再增加一倍的订货，价格会便宜一点吗？""如果我们自己检验产品质量，你们在技术上会有什么新的要求吗？"在试探和提议阶段，这种发问的方法，不失为一种积极的方式，它将有助于双方为了共同的利益而选择最佳的成交途径。然而，如果谈判已十分深入，再运用这个策略只能引起分歧。如果双方已经为报价做了许多准备，甚至已经在讨价还价了，而在这时，对方突然说："如果我对报价做些重大的修改，会怎么样?"这样就可能有损于已形成的合作气氛。

以上所列举的要点看似简单，其实不然，不要只是看看就算了，想想各个要点，考虑如何运用在你的谈判上。一旦你成为一位好的聆听者，你会发现人们愿意和你说话，而你的知识也会随之大增，你也将获得更多人的敬重。

第十章
领导怎么说才能征服人心

语言的力量能征服世界上最复杂的东西——人的心灵。好领导都是能征服心灵的人，他们往往都有好口才，具备驾驭语言的高超能力，好口才是领导者应该具备的有力武器。

怎么才能说出有分量的话

同样是领导，同样是讲话，有的人讲话分量重，有的人讲话分量轻，这就是讲话方式造成的差异。讲话的方式，对一个领导者而言，十分重要。

1. 言简意赅

如果不是特殊需要，作为领导，讲话一定要言简意赅。会长话短说的领导，很容易得到下属的认可和敬爱。某君写了很多封应征信，填了很多很多张申请表，一一寄出，均如石沉大海。一次得着一张回邮的明信片，仅有"某时面谈"简简单单几个字，使他久久不能忘记。

2. 最后出场

"重点置之于后"的心理因素在中国最具有代表性。开会时，官阶越高的人越后到；舞台上最后出场的角儿，便定是最重要、最顶尖儿的。其实说话也一样，越将重点放在后面，越能显出所说的话的重要性。

3. 说出个性语言

一般人都有自己的习惯用语，即口头禅，口头禅是人们常挂在嘴边的口头语，总是以这句话来介绍自己，来强调自己，使别人听来亲切自然，也为自己树立了一个独特的形象。

4. 幽默风趣

幽默的话，易于记忆，又能予人以深刻印象，正是自我标榜的商标，借此可以使人们记住你，并使你的话产生更大的力量。

5．句子短些

短句子说起来轻松，听起来省力，吸引力也强。最好一句话一个意义，一句话的含义过于复杂，听者费力，交流就多了一层障碍。

6．通俗易懂

选择什么线索来整理说话内容，可看需要而定。要注意通俗易懂，忌讳古词语、中国洋文、专业用语。至少要吐字清晰，语速适当。

7．坚定自信

说话时要坚定而自信，眼睛正视对方，这样才显示你是充满自信和颇有能力的。若讲话时眼睛不敢正视对方，握手软弱无力，会使人觉得你意志薄弱，容易支配。

8．姿态端正

开口说话时端正姿态，给听者留下一个好印象。与别人谈话时，身体稍往前倾，会让别人更容易接受你的意见。

9．手势有力

表示强调时运用手势，但不可指着别人的脸晃动手指。讲话慢而清晰，语言简短，等于告诉对方："我有能力控制一切。"

10．关注听众

注意对方的眼睛。研究显示，一个人紧张，目光会游离不定，而且眨眼次数增加。注意对方的小动作，一个人可以做到喜怒哀乐不形于色，但他的小动作会透露他的心情。例如你在谈话时发现对方的腿在轻轻晃动，这表示他对你的话不以为然。

11．扩大知识面

知识面越广，话的含量也会越丰富，也越能令你在各种场合充满自信地加入别人的谈话。

除此之外，你还要注意行动轻捷，笨手笨脚对你的形象损害最大。穿着上要整洁，避免刺眼的色彩和繁复的配饰，保持干净、挺括。并要注意身姿，含胸显得畏缩，昂首挺胸可以保持你居于领导地位的形象。

怎样与下属单独谈话

作为领导，都会遇到与个别下属谈话的机会，那时就更显得口才的重要性了。

有的人很会"谈话"，不管什么人，也不管多么复杂的问题，经他一谈就迎刃而解；有的人却不会谈话，甚至一谈就崩，原本并不复杂的问题，经他一谈反而复杂了。

这说明个别谈话其实并不简单。不同的谈话对象和不同性质的谈话，在语言运用上应该有所不同。谈话对象个体之间的差别是很大的，不同的出身和经历，不同的文化程度和性格，不同的年龄和性别等，都有不同的心态，而且影响着对外部事物的接受和理解程度。

人的口味千差万别，爱吃萝卜的不一定爱吃梨。一般来讲，知识分子理性观念较多，谈话时道理讲得深，言辞文雅并注意逻辑性；文化水平较低的人理性观念相对少些，谈话时讲道理应深入浅出，并注意多讲些实实在在的事；性格开朗的人，喜欢快言快语，不喜欢拐弯抹角，与其谈话可以开门见山，直截了当；性格内向的人，往往思想含蓄而深沉，与其谈话不能过于直率；年纪大的人阅历丰富，与其谈话切忌说教；年轻人阅历浅，有的涉世不深，谈话时就应该多讲些道理。谈话内容不同，谈话的方法要有区别。

1. 表扬的话如何谈

好话好听，却未必好说，要艺术地说出表扬的话，难度是相当大的，但有一些基本的原则则值得揣摩和借鉴。

首先，实事求是，措辞适当。下级在工作中完成了目标，取得了成就，当然应给予适当的肯定和表扬，但如何把握其中的度，则应予以考虑。如果不适当地高估下属的成绩，人为地赋予成绩本身不具有的意义，乃至流于庸俗的捧场，那就会产生一系列负面作用。例如，会使受肯定和赞扬的下级产生盲目自我陶醉的情绪，自以为自己的成就真的具有那么高的意义和价值，损害了励精图治的开拓意图；会使其他下级产生不满情绪，对于人为树立起来的名不副实的样板，同事们会从不服气到猜忌，进而产生厌恶感，影响下属之间的团结，会使下级中间滋生不务实、图虚名的不健康风气等。

其次，真诚恳切，具体深入。美国著名心理学家威廉·詹姆士说："人类本性上最深的企图之一是希望被赞美、钦佩、尊重。"渴望被肯定是每一个人内心中的一个基本愿望。所以，当我们生活在社会当中，要想在自己身边形成一种善意和谐的气氛，就应当去努力寻找别人的价值，并设法告诉对方，这也正是肯定别人的意义所在。适时适当地表扬下级，也正是基于这样的目的。值得重视的是，这种赞美和表扬只有是发自肺腑的情真意切之辞，才能发挥出最大的效力。虚伪与委婉，不着边际地套用一些溢美之词，难免产生负面作用。

再次，全面分析，扬长论短。老子云："声一无听，色一无文。"下属取得了成绩固然可喜可贺，但单纯地强调成绩往往不能起到增进认识的作用，而且还有可能让下属滋生骄傲自满情绪。事实上，正如瑕瑜互见的道理一样，任何长处都与某种短处相连，绝对肯定和绝对否定一样都是有害的。领导越是在常人不易察觉之处，独具慧眼地发现下属的长中之短，那么领导的威信和可信赖度就越高。而在表扬的同时给以适当的意见，既会使下属在心理上、更容易接受，又使赞扬的话语显得刚柔并济。

最后，注意技巧，方式多样。任何一种表达方式，如果千篇一律毫无变化，或者过于直接，往往产生负面作用。赞扬也是一样，不能永远都是"你干得不错"这类的陈词滥调。有时候同一种意思换个表达方式，往往产生完全不同的效果。

（1）对比性的赞扬。就是把赞扬对象和其他对象比较，以突出其优点。这种方法能给人一种很具体的感觉。"有比较才有鉴别"，正说明了这个道理。但也正因为如此，从另外一个角度看，它会产生一个负面，从而容易引起人际关系的矛盾，所以在比较时，就不应用贬低来代替赞美。

（2）断语性的赞扬。就是给被赞扬者一个总结性的良好评价，语气要以肯定判断的形式表示。实际上，对别人的工作进行肯定就是一种赞扬。但是由于这种赞扬是较为全面的、总结性的评价，所以容易抽象，而且领导者也会给人一种高高在上的感觉，因此一般要与其他方法结合使用。

（3）感受性的赞扬。就是领导者就某一点表示自己的良好感受。因为他陈述的只是赞扬的感受，不受其他条件的限制，所以这种形式能充分发挥出赞扬的优势。实施这种赞扬有两个步骤：一是把被赞扬者值得肯定的优点"挑出来"；二是让被赞扬者知道你对他的优点很满意。这样，赞扬的作用就自然而生，而且令人信服。

2. 批评的艺术

与赞扬下级时一样，如何把批评的话说得有水平，既达到效果又避免矛盾的激化，就是我们所要面对的问题。

首先，切忌恶语伤人。无论什么团体，当员工犯下不可原谅的错误时，作为领导无可避免地要对其加以斥责。但是每个人都有自尊心，批评应是在平等的基础上进行的，态度上的严厉不等于言语上的恶毒，切记只有无能的领导才去揭人疮疤。因为这种做法除了勾起一些不愉快的回忆，于事无补，而且除了被批评者寒心外，旁观的人也一定会不舒服。

其次，切忌捕风捉影。上级批评下级，责任要分清，事实要准确，原因要查明。从实际出发，弄清事情的本来面目，找出问题的原因，恰当地分清责任，这样的批评有理有据，既不夸大，又不失察，下级当然口服心服了。所以，上级批评和否定下级，必须以事实为依据，以政策为准绳，不能随心所欲，更不能以感情代替原则。这就要求领导者必须心胸豁达，最忌讳神经过敏、疑神疑鬼、听信流言、无中生有。

3. 切忌喋喋不休

批评的质量与其数量之间，并不存在正比的关系，有效的批评往往能一针见血地指出问题的实质，使下属心悦诚服，而絮絮叨叨的指责却会增加下属的逆反心理，而且即使他能接受，也会因为你缺乏重点的语言而抓不住错误的症结。

与人座谈讲话的艺术

所谓座谈，就是召集若干人，就某一专题或某几个专题进行讨论，以收集各种意见和建议，为领导者的决策和工作提供参考依据。长期以来，座谈这种形式就在我国的各个领域内发挥着重要的作用。一般来说，召开座谈会有四个主要目的：一是通过会议的形式传递信息；二是通过座谈征求对于某项决策的意见；三是评论解决某个问题有何方法；四是提出新设想，引导大家提出新观点和意见。为了顺利地实现这些目的，座谈双方都要畅所欲言，充分交流。而领导者由于是会议的发起人和主持人，对座谈会成败负有重要责任，所以讲话时更需要讲究艺术性。

1. 创造平等相待的气氛

座谈要达到目的，需要双方真诚的投入，而这必须建立在平等的基础上。如果领导者高高在上，对于群众的呼吁不闻不问，或者只是以座谈会作为装点门面、显示民主的工具，甚至以主人的姿态强迫命令，则不仅不能达到座谈效果，反而会引起下属的反感。久而久之，必然损害领导者的威信和工作的绩效。因此，领导者必须牢记：下属与自己之间是平等的。召开座谈会也正是为了请教他们的意见和想法，而不是恩赐给他们的一口"民主饭"。

2. 讲出真诚热情的话语

讲真话，是座谈时领导者使用语言的又一项基本要求。下属往往会把座谈当成一次了解领导意图、反映自己心声的机会，希望借此机会了解工作部署，解决实际问题，提出自己的创见，同时也对领导者进行民主监督。因此，要求领导者必须言之有理，持之有据，不刻意渲染成绩，也不隐瞒回避问题。实际情况怎么样，就说成怎么样，一是一，二是二。只有这样，才能言重于山，取信于人。另一方面，为了调动起座谈者的积极情绪，领导者的话语要有一定的"温度"。热情暖人心，热情洋溢的话语使下属感到一种宽松、积极的气氛，更愿意敞开心扉。

3. 避免过于激烈的争论

座谈过程中毫无疑问地会出现争论，而且召开座谈会的目的之一，就是通过面对面的交流，协调不同的意见，求得最佳的方案。保持一定程度的争论将有助于保持座谈的热烈气氛，不会出现冷场的情况。但是过于激烈的争论容易导致一种敌对情绪，进而阻碍双方继续的交流，甚至制造出新的矛盾。因此，应该防止出现这种现象。

有些时候，座谈会会成为发泄私人恩怨的最好场合，更会有人利用它来给部门、单位的工作制造麻烦。领导者更易成为恶语中伤的对象。这种时候，是勃然大怒，还是冷静下来，泰然自若地应付就看领导者的涵养了。

即席讲话的艺术

有时，领导者会以与会者的身份被邀请做即席讲话。应当说这是群众出于对领导的信任，准备认真地听一听你的意见。千万别把它看成是"赶鸭子上架"，恰恰相反，这是展现领导者随机应变能力与分析总结问题水平的大好时机。精彩的发言，可以收到"一石激起千层浪"的效果，令听众动容，同时树立起领导者的个人威信，令下属生出由衷的钦佩之情。

1. 做好准备

有些领导认为即席讲话就是临场发挥，不要做什么准备，一上来便先"啊"一阵儿，然后便是"今天我本来不打算讲，既然让我说，我就随便讲几句话"，随后便侃侃而谈，既无话题，又无观点，简直是没话找话说，短话长说。人们会问"他到底在干什么？"虽然是即席发言，仍可以做准备。一般来说会议的议题会事先通知领导，某些相关资料也会发到其手上，这些都为发言划定了一定范围，对要讨论的内容心中有数，就不至于闹出南辕北辙的笑话。

2. 明确话题

领导者在开口前，略加思索，尽可能选择合适的话题，这对即席讲话的成功是十分重要的。在讲话的全过程中，围绕话题展开，就不会信口开河，前言不搭后语。选择话题，总的来说要审时度势，紧扣会议主题，根据会议进行的情况合理取舍。

3. 实事求是

"实事求是"是即席讲话的一个基本原则，作为领导者说话要尊重事实，保证自己选用的材料都是翔实、准确的，才能获得听众的信任，收到预想的效果。

4. 言简意赅

即席讲话时间都不长，多则五六分钟，少则两三分钟；内容相对集中，一次只说一个问题，力求说深说透。许多人并不明白精练的重要性，几分钟可以讲完的内容偏要洋洋洒洒地谈上半天，如同温斯顿·丘吉尔对他儿子兰道尔夫的性格所做的评价一般："他空有一门大炮，却没有多少弹药。"只要把自己想要表达的意思说清楚，讲透彻，不必长篇大论，一样会给人留下深刻的印象，这正是"言简意赅"的精妙所在。

5. 通俗易懂

讲话要让人听懂，这是对发言者的基本要求。讲话人若是板着脸孔，卖弄辞藻，用一些艰涩的语汇和听众捉迷藏，只会令听者敬而远之。这样的讲话无异于浪费时间，在讲话过程中，力求用最通俗易懂、生动形象的语言来表达自己的意思，这样，听众觉得很轻松很亲切，而发言者所讲的道理也易于被人们理解和接受。

6. 先声夺人

领导者发言，能不能一开始就抓住听众，往往决定着整个讲话的成败，好的开场白就像一个出色的导游员，一下子就可以把听众带入讲话者为他们拟设的胜境；好的开场白是演讲人奉献给听众的一束多姿多彩的花朵；好的开场白最易打开局面，便于引入正题。因此，开场白应尽量避免平铺直叙、平庸无奇，而要努力做到不落俗套，语出惊人，这样才能出奇制胜，先声夺人。

如何调解下属纠纷

下属之间发生纠纷，势必影响工作，此时，作为领导应及时出面调解。调解纠纷是一门艺术，是协调人与人关系的艺术，也是教育人、团结人的艺术。善于调解纠纷是领导者必备的基本功。

首先要周密调查、认真分析。"没有调查就没有发言权。"要调停纠纷，首先得做周密的调查，既要了解纠纷的起因、经过、现状和趋向，又要了解各方的观点、理由、要求和动向。通过调查分清纠纷是"公务型"还是"私愤型"，是无原则纠纷还是原则冲突，是认识上的分歧还是利益上的对立。经过分析，抓住纠纷的本质，以便得出正确的结论。其次要坚持原则，以理服人。此外，调解纠纷，忌带私心。领导者应该依据事实，对照政策，力求公正无私，以理服人。最后要因势利导，因人而异。主要方法有以下几种。

（1）春风化雨法。既要"春风熏得游人醉"，说些好听的，又要不失时机地"料峭春风吹酒醒"，使纠纷双方对你心悦诚服。

（2）含糊处置法。在某些特定条件下，对一些无原则的纠纷，可"各打五十大板"，采用此法使纠纷双方受到批评、教育和处分，让其从噩梦中醒来，以维护团结。

（3）情感感化法。在调解纠纷的过程中，为缓和矛盾，避免大的冲突，让一方采取高姿态去感化另一方，实施"将相和"。采取此法的前提是，纠纷一方尽管有一时之感，但觉悟较高，一经点拨，便能识大体，顾大局。另一方虽然一时八匹马拉不回头，但也并非顽石一块。

（4）单刀直入法。对不太复杂的纠纷，可把当事人一起招来，当面锣，对面鼓，把矛盾揭开，"打开窗户说亮话"，当场解决。

（5）缓机处理法。如果调解时机还不成熟，不妨暂缓一步，待以后择机行事。但这必须是纠纷已经处于比较稳定的状态，暂缓处理不会出问题。

（6）"高温加热"法。对当事双方在批评、教育、晓以大义的基础上，采取行政手段或组织措施，限期他们改正、和解。且可采取民主会诊、责令检查、通报批评等方式。采用此法，应考虑当事人的心理承受能力，不能盲目"加温"，以免"欲速则不达"，出现意料不到的问题。

（7）侧面入手法。有时纠纷复杂，问题棘手，正面强攻难以奏效，此时，应灵活机动地从侧面入手，迂回前进。或让对当事人极有影响力的人去做工作，"一把钥匙开一把锁"。

（8）似退实进法。有时为了缓和矛盾，顾全大局，在说清理由之后，可对纠纷双方的要求做些不损害大原则的妥协和让步。

（9）回避让路法。在处理纠纷时，如因调停者措施不妥，而使调解工作陷入僵局时，调停者要从大局利益出发，主动回避让路，由领导班子中的其他人出面调停解决问题。

（10）彼此退让法。通过协商，迫使矛盾双方各自退让一步，达成彼此可以接受的协议，但应注意公平、公正、公开的原则。这种方法是调解下属纠纷最常用也是最有效的方法。

下达指令要准确无误

领导与员工之间的大多数沟通是建立在口头基础上的。要想把每一条命令、每一项建议都写下来是不切实际的，也是不可取的。但问题在于很多时候以口头方式发出的简单指示、请求或意见，被听者彻底地误解了。

不论领导多么准确的表达，多么精心的措辞，员工还是会在一些时候误解领导的本意。员工的教育背景、生长地域、智力与培训等因素，都可能对他们的理解产生一定的影响。这就是为什么得到口头反馈十分重要。不要太信任从员工那里得到的简短的"是"或点头这类回答。他是否完全理解了指示？指示的内容是什么？如果员工在领悟指示时"不够准确"，尔后会出现什么问题？你会十分震惊地发现，有多少次信息是被"曲解"了。

领导对这种不良的结果感到非常失望，而员工却认为自己在忠实地遵循领导的指示行事，也因此而十分不愉快。

如何减少这种误解呢？对领导来说，首先要认识到同基层员工和高层管理者对话时必须谨慎小心。要具体而准确，任何不经过周密思考的陈述都可能导致不良的结果出现。

1. 仔细考虑批示的内容

领导必须认识到，他们所说的每一件事都有着更高的"重要性"，这仅仅是因为对基层员工来说，他们代表着权威。一句看似无关紧要的陈述与它所达到的结果是完全不相称的，管理层级或职衔越高，这个人所说的话就越重要。任何大公司的总裁都不会轻易发表评论。

领导不仅要思考他们自己打算说什么，还要考虑别人会如何获得和理解信息。甚至还要想到接受者可能做出的反应。当领导与基层员工对话时，可以使用下面这份心理检查表进行检查：

（1）我想要说什么？

（2）这一信息应该告诉谁？多少人将会受其影响？

（3）在传达信息时，我拥有可靠的事实依据吗？

（4）如何最好地表述信息使听者能够理解？

（5）他们会在第一时间获得信息吗？信息需要重复吗？

（6）听者可能做出什么样的反应？他们会有不同意见吗？

（7）需要对信息进行"包装"吗？

（8）在下达指示时，是否还需要当场示范？为了进行这种示范需要做些什么工作？由谁来示范？

（9）接受指示的人需要时间进行练习吗？需要多少时间？

当利用这一心理检查表时，领导在向员工传达指示之前，必须先要慎重"构思"他们的口头信息与指示。这是他们的职责。

2. 注意谈话方式和态度

谈话的方式与内容同等重要。用粗声粗气或不愉快的语气传递信息时，听者接收后做出的反应几乎总是情绪性的。

语调与行为举止是重要的沟通工具。指示必须传达得准确果断；对指示的执行必须毫无疑问。在领导向员工传达指示时，要坦率，要允许提问，要聆听不同意见，不要自以为是。对了解自己工作的有经验的员工给予表扬，认真思考来自员工那里的任何有意义的修改意见，以获得更理想的结果。

指示传达到员工那里并被员工所理解是问题的一个方面，员工有足够的热情对待指示又是另一个方面。尤其在实行一套新程序或新系统时更是如此。领导必须认识到员工不愿意变化。他们喜欢熟悉的东西，变化是令人不舒服的。

这就是为什么领导要在传达指示时表现出积极的态度。要让员工明白，变革是必然的，因为变革的目的是为了更好，而且它一定会更有成效。

3. 选择好谈话地点

在传递口头信息时应该考虑的一项重要因素是，到底应该在什么地方传递信息。领导办公室是传递信息的最安全场所，因为这里是领导权威的最强象征。对于以下这些传递信息来说，领导者选择办公室作为交谈地点是十分恰当的：新的指示、程序的变化、需要解决的问题以及对员工进行的批评。

还有很多种情况，领导到员工的办公桌前或办公室里交谈更为恰当。例如，员工正在工作，领导不希望打断员工的工作；希望表扬员工或对员工表现特殊的认可等。

领导可能希望相互之间的交流显得更随意。在大厅或饭厅里碰到员工，向他发出你的信息或指令，就好像一切均在不经意的时候发生的。

当需要向很多员工传达指示或指令时，就需要使用会议室了。在工作区域之外举行会议意味着会议不希望受到干扰。

第十一章
当众讲话的艺术

当众讲话，一是胆，二是讲。意思就是说，当众讲话，首先要克服胆怯和害羞，敢于去讲；其次，就要是讲得出让观众听得进去、认同的话语。当众讲出站得住脚的话是一门艺术，掌握它的人才能面不改色当着众人侃侃而谈。

当众讲话前应首先认识自己

任何人在当众讲话时，都是以自我身份表达思想，传递信息。要想使彼此交流达到理想的效果，除了要有对象意识外，还要有清醒的自我身份意识，就是说话要得体，言语形式的选择要符合自己的身份，因此，我们在说话前首先应认识自己。

说自己该说的话。如以下级的身份向上级汇报思想工作，当持敬重的态度，注意措辞的严肃性和应有的礼节性。与同辈亲友交谈，则以亲切、自然为宜，不宜过于"一本正经"，否则便有疏远之感。说话不得体，不注意身份，听的人总感到不是滋味，引起反感，这肯定达不到交流的目的，甚至事与愿违。当众发言要符合自我角色身份，首先就要做到称谓、口气适合。

一位因改革而在全国颇有影响的企业家，在一次代表本厂与另一厂家厂长洽谈业务时，姗姗来迟。且一见面就一本正经地说：

"我忙得不得了，只能用很少的一点时间接见你。"

此话一出，举座皆惊。对方厂长更不是滋味，一笔几十万元的生意，便一语告吹。厂家洽谈生意，双方的地位是均等的。姗姗来迟便是不礼貌，而"我实在忙得不得了"及"接见"等语气的潜信息则是傲慢和盛气凌人。

其次，当众发言时要注意自己的多重身份，针对不同环境，选择相应的表达方式，使表达与自身思想情感的表达相符合。

常言说，"言为心声"，鲁迅先生也说："从喷泉里出来的都是水，从血管里出来的都是血。"一个人用什么身份说话，很容易反映他的思想境界，处世的方式，待人接物的态度。如何把握好交谈双方特定的关系而做语言的修饰调整，以更好地传情达意，这正是提高说话水平要研究的课题。

再次，话虽是说给听众听的，但话说得好不好，能否为听众所接受，还要看发言人是否恰到好处地表达了自己的思想感情。一个人的思想性格是在长期的社会实践中形成的，而一个人的心情则是和他的思想、处境分不开的。这种不同处境下的不同心境，同样会在人们的表达中自然流露，显示出说话者的本色身份。

所以，当众发言时要选择与处境、心情相协调的说话形式。如下面这个例子。

某高校一位姓严的古汉语教师，学识渊博，治学严谨，教学时严格训练，严格要求。一日，当他走进课堂，见黑板上赫然写着"严可畏"三字。该老师不愠不怒，只见他停下来，对学生朗声说道：

"真正可畏的是你们。"

学生们一时不知所措。

严老师接着说："不是吗？后生可畏嘛。为了让你们这些后生真的可畏，超过我们这些老朽，我这严老师怎可名不副实呀！"（掌声笑声）由"严可畏"三字严老师准确地捕捉到学生们因严格训练、严格要求而生发的"积怨"与"不满"，先是冷静地予以宽容，进而曲解"可畏"二字，并且一语双关，含蓄幽默地表达出必须"严"的道理，以及"严"下去的决心，既宽容有度，又严格适中，其说话形式的选择与处境、心情表达之得体，令人击节赞叹，真个是"言为心声，语如其人"。

不同的听众讲话策略不同

当众讲话面对的听众身份复杂，这就要求讲话者有强烈的对象意识，以便区别对待。正所谓"射箭要看靶子，弹琴要看听众"。说话如果"无的放矢，不看对象"肯定好不了的。

春秋时的邓析说："夫言之术，与智者言，依于博；与辩者言，依于要；与贵者言，依于势；与富者言，依于豪；与贫者言，依于利；与勇者言，依于敢；与愚者言，依于说。"邓析的话，归结到一点，就是要针对不同的对象和对象的不同情况，采取不同的对策，要话因人异，区别对待。

日本社会心理学家古烟和孝说得十分中肯："即或是最有效的发送者传播最有效的信息内容，如果不考虑接受者方面的态度及其条件，也不能指望获得最大效果。"

话因人异、区别对待，首先要区别听话人的文化知识水平。

一个人口普查员问一位乡村老太太："有配偶吗？"老人愣了半天，然后反问："什么配偶？"普查员只得换一种说法："是老伴呗。"老太太笑了，说："你说老伴不就得了，俺们哪懂你们文化人说的什么配偶呢。"

那么在我们当众讲话时，由于通常面对的是广大听众，人员构成复杂，知识水平参差不齐，因此就要求我们更要考虑这一点，顾及听众中大多数人的最低文化水平，尽量用简朴的语言说明一个复杂的道理，例如一位科学家为了排除群众中比较普遍存在的恐惧心理做了如下说明：

"核电站在建立的过程中，已采取了一系列严密的防范措施，因此对周围环境的放射性影响微乎其微，核电站附近居民每年所受的放射剂量只有 0.3 毫西弗，而每天吸 10 支烟就有 50～100 毫西弗；看一次彩色电视有 1 毫西弗，即使核电站发展史上最严重的美国三里岛核电站事故，电站周围的居民受到的放射剂量也只有 15 毫西弗，还不如戴一年夜光表所受到的剂量大。煤电站除排放有毒气体和烟灰外，也有放射污染。据对包括核能、煤炭、石油、水力、风力、太阳能等在内的 11 种能源的危险性进行的系统比较，核能是除天然气以外最安全的一种能源……"

在这个说明中，核科学家将晦涩的核专业知识与大众耳熟能详的日常知识相比较，根据听众的知识水平，使缺乏基本科学知识的人，也会对核电站的安全深信不疑。话因人异，区别对待，其次是要区别听话人的思想状况和情感需要。

19 世纪，维也纳上层社会的妇女中，时兴一种筒高、檐宽的帽子，而且在帽檐上装饰着五颜六色的羽翎。女士们一进入剧场，观众就只能看到她们戴的帽子，而看不见戏台，剧场经理在无可奈何的情况下，只好一再请求女士们脱下帽子，可谁也不予理睬。这时，经理灵机一动，根据女士们爱美、爱年轻的心理状况和志趣特点说：

"年纪老一点的女士可以照顾不脱帽。"

话一出口，女士们竟纷纷脱下了帽子。因为她们面临着"美女"与"老妇"的选择，维也纳的上层妇女，当然谁也不愿意做老妇，她们戴那种筒高、檐宽的帽子，不也是为了追求美吗？

洞察、预测对方的心理，只是为最佳说话形式的选择做准备，而绝不是为了将他人的情感秘密——暴露，因此言语交际的策略应当是察而不扰。可见掌握了人们内心变化规律，并对症下药，就能切中要害，一击中的，产生良好的讲话效果。

当众讲话要自然大方

怯场指的是在人前，尤其是人多的场合，因紧张害怕而不敢说话，或者说话时显得拘谨不自然。

怯场是一种心理障碍，要么感到自己被说话场合的气氛、形势所压迫；要么顾虑自己说得不好或说错；要么担心自己不是他人的对手，因而畏首畏尾，诚惶诚恐。

其实，这种心理障碍是完全不必要的。有的人在家人面前可以滔滔不绝，可一与外人交谈，就难以启齿；有的人平时在三两个人的场合可以口若悬河，可人一多，尤其是上台，就心慌意乱，语无伦次。这说明他不是不能说，而是有心理障碍，并非讲话能力所致，只要破除这种障碍，怯场也就会消失。破除怯场心理障碍的办法有以下几种：

1. 做好准备

这在非即席发言中是容易做到的，对当众讲话的话题要有所了解，事先可广泛收集资料，打好草稿，这样讲话时就可做到心中有底，临场不乱。

2. 加强训练

如朗诵、自言自语、与陌生人大胆交往、与亲近熟悉的人交谈、多听别人当众讲话等。

3. 视而不见

就是自己在发言前，心中有听众，但在发言时，眼中不能有听众，而要按自己的意愿去表达。一位教师第一次登台讲课效果就不错，有人向他请教经验，他说："备课时我心中一直想着学生，可一上讲台，我眼中所见，只有桌椅而已。这样，我就放松自如了。"

4. 勇往直前

任何人都不是天生就敢在公众场合自如说话，都有一个艰难的"第一次"。

美国罗斯福总统说过："每一个新手，常常都有一种心慌病。心慌并不是胆小，而是一种过度的精神刺激。"古罗马著名演讲家希斯洛第一次演讲就脸色发白、四肢颤抖；美国的雄辩家查理士初次登台时两个膝盖抖得不停地相碰；印度前总理英·甘地首次演讲不敢看听众，面孔朝天。只要抱定豁出去的心态，勇往直前管他三七二十一，整个人也便放开了。

当众讲话时冷场怎么办

冷场分为两种情况：一种是单向交流中，听的人毫无兴趣，注意力分散；另一种是双向交流中，听者毫无反应，或者仅以"嗯""噢"之类应付。

冷场的根本原因在于发言者的话没有吸引力。听者仅仅出于纪律的约束或处世的礼貌而扮演一个"接受"的角色。因此冷场完全应由说话人负责。

冷场的出现，是发言者的失败，因为此时不能达到彼此沟通交流的目的。发言者发言时，必须实施控制，避免冷场的发生。处理办法有以下几种：

1. 发言简短

单向交流中那种应景式讲话，越短越好。如华达商场举行开业仪式，邀请了市内各方面的人士参加。总经理只说了两句话："女士们，先生们：热忱欢迎各位光临。现在我宣布：华达商场正式开业。"双向交流中，任何一方都不要滔滔不绝地包场，要有意识地给对方留下发言的时间和机会；自己一轮讲不完，应待对方有所反应后再讲，不要一轮就讲得很长。

2. 变换话题

当众讲话时遭遇冷场可通过暂时变换话题的办法吸引听众的注意力。目的达到后，仍要回到原有话题的轨道。比如教师在讲课过程中发现学生精力分散，东张西望、打瞌睡、窃窃私语、在桌上乱画，可以暂停讲授，穿插几句应景、时髦、诙谐的话，或者简短地讲个与教学多少相关的掌故、趣闻，学生的精力便会一下集中起来。之后，再继续教学。双向交流的话题变换是不定的，根据现场情况随时进行。比如你与别人谈今日凌晨看的一场世界杯足球赛电视直播，可别人并不喜欢足球，也没有在半夜里爬起来观看，对你所议显得毫无兴趣，出现冷场，这时，你就应及时转移话题。

3. 中止交谈

任何发言者都不愿碰到冷场。但若这种情况出现后，自己又采取了诸如简短发言、变换话题、加强语气等控制手段，仍然不能扭转冷场的局面，那就应中止交谈。长时间的冷场对交流双方都是残忍且浪费时间的。比如你同他谈足球他无兴趣后，变换话题他仍无兴趣，就不可再谈下去，正所谓"话不投机半句多"。

有底蕴当众讲话才有底气

　　人类知识包罗万象、纷繁复杂，也是当众讲话者侃侃而谈的力量之源。知识在于厚积而薄发，有深厚知识积累的人，讲起话来，也底气十足，成竹在胸。有的人之所以很有说话水平，究其根本原因，就在于丰厚的知识积累。胸有成竹，欲发则出；积之越深，言之越佳。

　　对讲话者来说，知识是多方面的；对不同的人，有不同的知识要求；不同的人，对知识的把握程度也不尽相同。但作为讲话者应当掌握的最基本的知识有以下几方面：

1. 处世知识

　　处世就是指处理人情世故、社会活动、与人交往。每个人与社会都有千丝万缕的联系，作为人类社会的一分子，基本没有为人处世之道，是无法在社会立足的。

　　曹操出兵汉中，与刘备相持不下，进退维谷。夏侯惇人帐问夜间号令，时曹操正喝鸡肋汤，便随口道："鸡肋。"杨修听传"鸡肋"号令，便叫军士收拾行装准备归程。夏侯惇不解，问何故。他说："以今夜号令，便知魏王不日将退兵归也：鸡肋者，食之无味，弃之可惜。今进不能胜，退恐人笑，在此无益，不如早归。来日魏王必班师矣。故先收拾行装，免得临行慌乱。"于是各营军士皆打点起行装来。曹操闻之大惊，斥责杨修道："汝怎敢造言，乱我军心？"喝令斩之。

　　曹操杀杨修，后人多有评说。清初毛宗岗说："杨修之死，在于'不善处人骨肉。'夫以正直忤操，则罪在操；以不正不直忤操，则罪在修。故修之死，君子于操无责焉。"（《三国演义》毛批）他认为杨修是自取其祸，根子就在不善处事，乱说话。这应当说是中肯的。作为一个下属，忘了自己的身份，随意揣测主帅意图而擅自散布，当然是不应该的。

2. 世事知识

世事知识指的是社会生活中方方面面的常识、经验、教训、风土、人情、习俗、掌故等。这种知识是一种客观存在，一般无须潜心去学；只要不脱离社会生活，在实践中都会逐步体会、感悟得到。人们要想丰富自己的语言修养，实现当众讲话的沟通目的，必须具备这类知识。曹雪芹就认为："世事洞明皆学问，人情练达即文章。"一个不谙世事的人，所发言辞要么造成笑话，要么酿成苦酒。

3. 文化知识

文化是指大文化，是人类在社会历史发展过程中所制造的物质财富和精神财富的总和。诸如天文、地理、历史、文学、艺术、哲学、经济、法律等。这些知识往往以成语、典故、佳作、名言、警句为载体。最能陶冶情操、提高修养、开阔视野，从而使表达者的言辞也更具感染力、说服力、吸引力。这种知识不能从实践中获得，需要孜孜不倦地学习。在人生路上，不断积累学习，当众讲话时便会充满活力，如滔滔江水连绵不断。"问渠哪得清如许，为有源头活水来。"